名师＋学霸

衡中高考日记

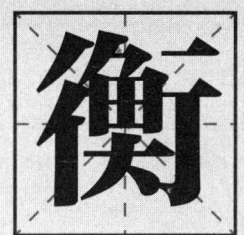

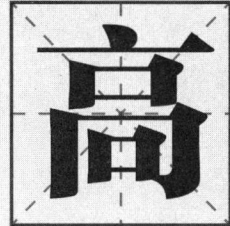

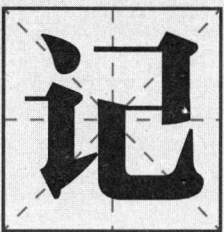

陈铁乱 王莹◎主编

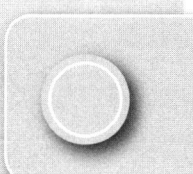

人民日报出版社
北 京

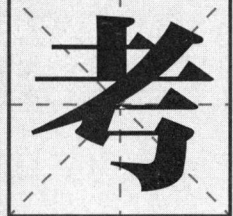

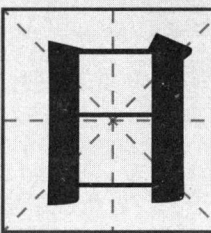

图书在版编目（CIP）数据

衡中高考日记 / 陈铁乱，王莹主编．-- 北京：人民日报出版社，2019.9
ISBN 978-7-5115-6165-7

Ⅰ．①衡… Ⅱ．①陈… ②王… Ⅲ．①毕业生—高中—升学参考资料 Ⅳ．①G647.32

中国版本图书馆 CIP 数据核字（2019）第 177505 号

书　　名：衡中高考日记
HENGZHONG GAOKAO RIJI
作　　者：陈铁乱　王　莹

出 版 人：董　伟
责任编辑：郭晓飞
封面设计：金　刚

出版发行：人民日报出版社
社　　址：北京金台西路2号
邮政编码：100733
发行热线：（010）65369527　65369846　65369509　65369510
邮购热线：（010）65369530　65363527
编辑热线：（010）65363486
网　　址：www.peopledailypress.com
经　　销：新华书店
印　　刷：大厂回族自治县彩虹印刷有限公司

开　　本：710mm×1000mm　1/16
字　　数：250千字
印　　张：12.5
版次印次：2019年9月第1版　2019年9月第1次印刷

书　　号：ISBN 978-7-5115-6165-7
定　　价：45.00元

衡中 676 班大学走向

（班主任：陈铁乱）

（京）	清　华　大　学：	李东润　王　奇
		郭昊明　杨　洋
		张天池　孙　涛
	北　京　大　学：	田景昊　王乐童
		杨　博
	中国人民大学：	王润一　卢天杨
	北京理工大学：	张洪璨　邢宝超
		徐海涛
	中央财经大学：	李　越　许家欣
		董佳琦
	北京邮电大学：	马培轩　杨欣洁
	北京交通大学：	刘方宁
	中国农业大学：	张雅慧　张　彤
	北京航空航天大学：	史文菲　王赢锋
		蔡梦璐　范媛媛
		方　伟
	对外经济贸易大学：	穆静阁
（津）	南　开　大　学：	石志晴　许　索
	天　津　大　学：	魏天啸　薛　峰
		何晨旭　贾涵茜
	天津医科大学：	杜　典
（辽）	大连理工大学：	周怡宁
（吉）	吉　林　大　学：	李　轩
（黑）	哈尔滨工业大学：	李尚宇　刘瀚文
（沪）	上海交通大学：	李明哲　李润华
	复　旦　大　学：	贾方石
	同　济　大　学：	苗成林　韩双庆
		杨　浩　刘颜滔
		孙思远　王诗雨
	华东师范大学：	雷学勤

衡中676班大学走向

（班级精神：敢想敢做，敢打敢拼！）

（苏）	南京大学：	郑文浩	
	东南大学：	丁雨潇	
	南京航空航天大学：	李　靖	
（浙）	浙江大学：	王　岩	孙一婷
		梁晨晖	刘偌璇
（皖）	中国科学技术大学：	王鼎生	
	湖南大学：	吴文杰	
（闽）	华侨大学： （厦门）	胡典典	
（鲁）	山东大学：	赵梦圆	
（鄂）	武汉大学：	刘昕晓萌	
	华中科技大学：	孙昕宇	郭　维
		李幸洋	王海阔
		代　勇	
	中国地质大学：	杨　柯	
（湘）	中南大学：	张　澳	郭朝阳
	国防科技大学：	杨雨晴	张永赟
（粤）	哈尔滨工业大学： （深圳）	赵举然	董博迪
	华南理工：	展一凡	
（川）	四川大学：	侯　伟	
（渝）	重庆大学：	董丽妍	
（陕）	西安交通大学：	多小川	杨　朔
	西北工业大学：	李雪晴	
（港）	香港科技大学：	潘心怡	

目 录
contents

Part 1 学生高考前班级日记
——我们班这样冲刺关键200天

对书中一些概念解释如下。

公自：公共自习。区别于学科自习，在公共自习上，老师不会布置学科任务，同学们自主安排学习任务。

体活：体育活动课。与体育课不同，体活课上同学们自由开展体育活动，放松身心。

老铁：特指班主任。

铁军：特指学生自己。

另外，未连续日期为学校放假时间。

高考前7个月 /002
高考前6个月 /010
高考前5个月 /029
高考前4个月 /049
高考前3个月 /057
高考前2个月 /073
高考前1个月 /102
高考当月 /137

Part 2 学生高考后学习经验分享
——我们班这样考上名牌院校

676班共有80位同学，高考成绩优异：69人考入985高校，占比86.25%；78人考入211高校，占比97.5%。其中，6人考入清华大学，3人考入北京大学，1人考入港校。700分以上的有4人。

985、211高校 /142
港澳台、华侨类高校 /181

Part 3 班主任高考填报志愿指导
——我这样指导学生上名牌院校

676班班主任陈铁乱老师有12年带毕业班经验。作为多项科研成果的获得者，他开发出的成绩查询系统及高考志愿填报系统助力众多考生精准进入了理想大学、就读了理想专业。作为高考志愿填报电台的特邀专家，他总结出的志愿填报最普遍、最集中的问题使无数学子为之受益。

填报前 /185
填报时 /189
重点提醒 /192

Part 1

学生高考前班级日记

——我们班这样冲刺关键 200 天

高考前 7 个月

距高考仅剩200天　值日班长：王润一

★回顾提醒

200，三笔勾勒出这个简单的数字，其中透露出大学即将到来的欣喜和高考即将来临的恐慌。从明天起“1”字开头的倒计时，又无时无刻不在警醒着我们摆脱浮躁与怠惰，迎接梦想与未来。人生只有奋斗，生活只有向前，在这高考与大学的起承转合期，在这仅存的 200 天里，看得见大家一往无前的锐气、恪守常规的自律、废寝忘食的拼搏以及步步为营的进取。在不畏艰难地砥砺前行后，愿你我都能收获辉煌灿烂的绚丽人生，愿这大美蓝图成为大家光辉的前景。

于我而言，在名为“衡中高三”的备考状态下，逐渐摆脱了迟到与早退的身影，也逐渐感知到了努力与前程的关联性。

★高考动员

不只隐居山林、采菊东篱下是令人神往的高雅，让梦想之花在我们的奋斗下肆意盛放也不失为一种风范，让我们共同重塑这个世界。倾心之言，与大家共勉。

距高考仅剩199天　值日班长：王乐童

★回顾提醒

距六模考试仅剩 3 天。同学们对待任务的态度有了极大转变，中午晚走的同学也越来越多，这是考前状态提升的表现，但也隐约透露了一种不安与紧张，平心静气、沉着应战才能取得理想的成绩。

高三对于我是新的开始，是一个我本该属于却逃离太久的旋涡，挣扎也好，反抗也罢，都不过是云泥之间的插曲而已，又何必过分紧张。

执着，是作茧自缚？宁静，走心，如是而已。

★高考动员

让每一滴汗水成为浇灌理想的甘露，

让每一次满分成为可能的沃土，

让每一点儿进步成为照亮黑暗的曙光，

让每一分耕耘成为颗粒归仓的守望，

退一步是深渊万丈，

进一步便是无尽光芒。

距高考仅剩198天　值日班长：卢天杨

★回顾提醒

早：今天距离六模考试仅剩两天，时间的紧迫已容不得半分的拖沓懈怠，紧张而不慌乱是我们应有的状态，细致而不失效率地备战六模，自信地去面对是我们的实力所在！风檐展书读，古道照颜色，让我们抛开杂念、专注高效！

中：刚经历高考报名，距高考已不足200天，高考愈加迫近。没有任何借口浮躁，没有任何理由逃避，坐在高三的教室里，唯一的方向便是朝着高考拼尽全力。

于我而言，克服自己的浮躁心理，专心于日复一日地学习之中，在一次次的考试中，不应有倦怠与焦躁，而应尽力改正自身的不足。

★高考动员

六模考试近在眼前，让我们共同为第一的目标拼搏！

距高考仅剩197天　值日班长：杨朔

★回顾提醒

早：今天是考前的最后一天，也是我们查漏补缺的最后一天。最后一天的状态就代表着考试的状态，希望大家在今天奋勇向前、全力争先，为自己争光，为班级争光。

中：不知不觉，计数板百位上的“3”已经变成了“1”，高三生活已经过去了将近二分之一。反观各科，和高一、高二零散的体系不同，语文即将迎来高考的综合模式，物化生三科也即将合卷。因此，我们应当着重提高的是综合性能力，如何在不同题型、不同学科中游刃有余地转换将成为我们成功的关键。

个人以为，“高考决定一生”这句话并不是绝对的，人生会面临很多如高考一般重要的抉择抑或是困难，高考可以看作是锻炼我们面对这些困难的一次抉择机会，能够抓住高考的人，才更能够抓住那些高考之外的机会。

高三于我的最大感触就是要有条不紊地执行各项计划，要在明确重点及自身特点的情况下科学地进行复习。

★高考动员

浩浩前程，恰似山岭。越过山丘，前方仍有千山万壑待你我踏过，人生就在这无数次翻山越岭间拓展延伸。

无论大家现在是春风得意也好，失落无助也罢，都要坚持，并且充满希望地生活，因为，总有一天，你将抵达你所中意的彼岸。

距高考仅剩196天　值日班长：刘瀚文

★回顾提醒

早：细心读题，专心审题，用心做题，静心查题。让我们用最饱满的激情，最无畏的拼搏，收官六模，完美家长会。

中：在整理书本的喧闹中六模已尘埃落定，但在备战高考的路上仍要继续努力。我们不应拘泥于几组空洞的数字，而应踏实潜心找出漏洞、把握方向。今天的早读和早预备大家复习的专注度有所提升，我欣喜地看到676人身上散发着遇大事不乱、遇挑战愈勇的魄力。

当我在命运的分岔口被676的光芒指引，与大家的生活相互交汇的时候，我的人生也发生了改变。从高一得过且过的玩味，到高二背水一战的反击，再到高三与优秀的各位同学共同冲刺高考，我端正了对待语文、英语的态度，也从老师那里获得了“计算别跳步、公自别粘贴、做题不要圈圈跳”的真传，更在匆忙的生活中找到了高三人应有的速度与激情。我并不光芒四射，但不自卑，因为我努力追求卓越；我有过徘徊迷茫，但不后悔，因为我眼中是更高的山峰。

★高考动员

希望大家在一次一次的模考中改变、超越自己，待明年6月金榜题名。

距高考仅剩195天　值日班长：薛峰

★回顾提醒

六模的结果尘埃落定，无论结果好坏，我们终究还是要坦然面对这一切。高三征程过半，这期间所有的收获并不单单反映在六组数字上，更应反映在对自我的满意度上。在这半年的征程中，我们只有经历过沉沦与失意，才会渴望美好曙光，也只有经历过成功与欢乐，才能更接近遥远的梦想。

记得有人送给我一句话："只要你瘦20斤肉，成绩就上来了。"我们都要有瘦20斤肉的勇气与决心，都应以此共勉，也希望每天上午都是斗志高昂的你我他，人人都是崭新的676人。

★高考动员

经历了半年的埋头苦学，我们走到了高三的重要转折点。相信在过去的六模和家长会中，我们都有了对自己全新的定位与认识，我们更应明确自己的目标与方向，奋力前行。这次的第三还不属于676的巅峰，我们还需不断进步。下阶段我们即将面临理综合卷，面对未知的神秘与挑战，我们676人应该紧跟老师步伐，迎难而上，而不能再沉浸于分科前不紧不慢的节奏。希望我们能尽快适应新的节奏，开足马力，从今天开始，一步步缔造属于676人的辉煌。

距高考仅剩194天　值日班长：王奇

★回顾提醒

今日亮点：有很多同学能做到早来晚走，上课紧跟老师，课堂效率与前段时间相比有明显提高，中午12点35分留下学习的同学多达25个，由此足见，我们班的学习氛围有向好的态势。

进入高三以来，我们的班集体从互不相识、凝聚力欠缺成长为现在样样争第一、团结友爱的676，无论成绩第一也好、第十四也罢，676的每一个人都在为自己的梦想、班级的梦想奋斗着！我坚信，高考清华北大 16 人的目标，我们 676 必将达成！

于我而言，升入高三以来，成长最多的就是心态。高二时我对年级争第一想都不敢想，而高三以来的大会小会都告诉我，只要肯付出，称霸理科不是梦；高二时我只是把清华单纯地当作心底的一个梦，而升入高三之后参加的清华暑校让我认定，清华大学是我的归宿；高二时我对成绩的波动无感，现在我就是要次次争第一，不给自己留退路。

★高考动员

认定目标，脚踏实地，即使负重前行，也要不忘初心。

距高考仅剩193天　值日班长：杨欣洁

★回顾提醒

今日亮点：同学们到位普遍较早，且到位后能够尽快进入状态；课间利用率较高，有紧张学习的氛围，自习学科作业更替迅速及时。

这段时间同学们积极性有所提高，一扫之前的颓然松懈，希望在大家的共同努力下，在高效备考中度过 7 天冲刺，夺回五模系列第一。

高三前期适应期已经过去，在不断适应高三的生活中，我们班能够在日复一日中寻找备考激情，制定更高远的目标并向目标前行，在六科可爱的老师的指导下“亲其师，信其道”，主动发现问题，寻找解决措施，提高学习能力，完善知识储备，我相信追求卓越的精神会在日后备考中得以延续与提升。

适应节奏慢、固守老旧方法成为目前阻挡我前进的障碍，而起起伏伏的心态与浮躁慌张的节奏让我止步不前，我最大的成长就是认清了这些问题不再逃避，然后以从未有过的角度认清何谓有益何谓无益，多角度多方位约束自己，放下过去与未来，专注于现在。最好的时光不在过去与未来，在现在；最好的自己不在过去与现在，在未来。把握能把握的，是对高考最有益的状态。

★高考动员

接受现实不抱怨，着眼于成长，才能让梦飞翔。

距高考仅剩192天　值日班长：李雪晴

★回顾提醒

早：今天是我们迎来理综的第一天，抓住了今天就等于抓住了先机。高效地利用早预备，是我们称霸理综的第一步。

要想成为理综的领头羊，要想重回理实第一的宝座，就要从这一刻起，褪去浮躁与懈怠，拿起你手中的笔，盯紧你眼下的题，用缜密的思考、精准的计算向所有理实证明我们676的实力。

中：从昨天回来到今天中午，班级最大的进步是课间比平时安静了许多，尤其是开完班会以后，同学们变得更加沉稳。录指纹的整个过程安静有序，这体现了我们676人的大气与沉稳。不过，也许是刚考完试放假的缘故，同学们有些放松，到位普遍较晚。但我相信从今天下午开始，我们的到位会迅速地恢复到以前的。

★自我总结

从高一的毛躁慌张到高二的稳步提升再到高三的成熟与稳重，心态的改变是我进步最大的一面。曾经的我还会因为成绩的落差而哭哭啼啼，到了现在，我会理智地看待我的每次测试，把它们看成一次次提升的机会。

距高考仅剩191天　值日班长：赵梦圆

★回顾提醒

早：新的一天又开始了，经过昨天一天开会的洗礼，想必现在的你定是斗志满怀，要在下次理综合卷之际大显身手。眼前的作业繁多沉重，新一轮考验扑面而来，来不及调整，就已踏入新征程。凝神静气，专注高效，愿每个676人都能迅速回归状态，整装待发，笑对七模。

中：来不及祈祷，就开始奔跑。周三测验马上到来，同学们都在积极准备，第一战要打得漂亮。今天班级的亮点在于课间较安静，埋头学习的人多了，课间问问题的人也多了，一切都重回正轨，一切都将重新开始。沉着冷静，淡定从容是我们676人应有的王者风范。

最近几次考试的节节败退已将自己逼入了绝境，刷新的最差成绩也让我学会了面对与坦然。自己最大的问题在于一次次可怜自己，用“还有下一次”来麻痹自己。老梁经常说“可怜之人必有可恨之处”，趁现在还有机会，为重回自己的位置而努力，不为别的，就为赢得尊严。

★高考动员

希望明年6月，676的勇士们都能笑对高考。不悔梦归处，只恨太匆匆。

距高考仅剩190天　值日班长：李轩

★回顾提醒

在一次次模拟考试的锤炼中，高考也正一步步向我们逼近，高三的节奏也越来越快。比如今天晚上，我们将迎来第一次理综训练。良好的开端是成功的一半，让其他的理实看看：单科测验，我676为尊；理科合卷，亦是我676称王！

我从高一的一千八百多名一路摸爬滚打，到现在的四五百名，有伤痛、有喜悦，行者自知。除了宠辱不惊、淡看起伏的平和心态，仍保持着决不放弃的热血。两年多来，最大的变化便是语文的逆袭，从高一一年的一百挂零、偶尔双位数到现在的水平，不敢说掌握了语文的精华，却也可以称有了一套自己的学习方法。但是，我和大家一样，不会止步不前，不会因既有的成绩而沾沾自喜，也不会因为暂时的失败而灰心丧气，其实，痛苦是幸福的预兆，失败是成功的先导。

★高考动员

你不勇敢，没人替你坚强；你不疯狂，没人替你实现梦想。

冬月苦读莫负时光，且待仲夏一试锋芒！

距高考仅剩189天　值日班长：张雅慧

★回顾提醒

今日亮点：面对各科调课的情况十分镇定、有序地安排自己的任务，有大战前的霸气。

今日不足：昨晚因消毒的原因，到了54秒基本教室已经没人了。

近期面对理综合卷、周中测的加入，我们每一个人都感到前所未有的压力，但抗压能力恰是一个卓越之人的必备品质，将此时作为一次机遇，一次重新洗牌的机遇，一次超越对手的机遇，勇于接受一切的挑战，狭路相逢勇者胜，勇者相逢智者胜。

于我个人而言，高三最大的进步在于形成了自己的思考，对学习知识点的思考，做题技巧的思考，从优秀的同学甚至是老班的带班理念中汲取经验，应用于自己的学习。我也深刻体会到纪律的重要性，纪律即学习的外化，让我更加客观地评判自己的状态，同时亦从中反思自己思想上的错误。

无论如何，感谢676带给我的一切，老师的关心教导、同学相互帮助助我青春无畏、逐梦扬威。

★高考动员

对待高考的态度就是对待人生的态度，我一直笃信这句话。距高考仅剩189天，这是人生中最为重要的189天，从此刻起，我们要珍惜每分每秒，专注、高效、自信、冷静，一往无前。

理综合卷之日，王者归来之时。

高考前6个月

距高考仅剩188天　值日班长：李东润

★回顾提醒

回望过去的一个月，你是否为抓住时机暗自努力而庆幸满足，又是否为流失的时间而紧张？年轻人就要有热血与速度，纵使任务永远无法完成，也要有闪电般的速度与心态，这样才能让激情的火花点燃各类试卷与一颗年轻的心。

鲁迅说过，人生最痛苦的是梦醒后无路可走。的确，在喊出“老子就是天下第一”后，适当的冷静尤为必要。

★高考动员

“我愿意立刻向魔鬼屈服，难道我曾经不是魔鬼。”最后的188天，希望每位同学都能成为学神、学魔！

距高考仅剩187天　值日班长：孙思远

★回顾提醒

早：班级的成绩虽然很大程度上取决于尖子生，但平时课堂却是靠大家共同努力的。我们要让课堂更活跃，课间更安静，展示尖子生预备队的强大力量！

中：今天我们温柔的晓宁老师回来了，下午也有很大把握见到两天未见的德宸老师，一定记得写学案、自助、天天练。经过几位老师的代课，我发现还是自己的老师最好。上午的课堂很活跃，课间也较为安静。

真正的勇士敢于直面惨淡的人生，敢于正视淋漓的鲜血。进入高三后，我的成绩可以用惨淡形容，但我是一名勇士，纵使考不上清华、北大，我也相信能有精彩的未来。我认识到自我的进步主要体现在对考试的态度上，内心能够轻松应对，或许与科学合理的放假安排有关系。

★高考动员

祖安的流浪者艾克说："时间不在于你拥有多少，而在于你怎样使用。"希望大家都能成为掌控时间的人，共同把676变成清华、北大优秀生源基地。

距高考仅剩186天　值日班长：张彤

★回顾提醒

早：今天是理综合卷后的第一次周测。一周以来，我们已经适应了有周中测的紧张充实。时间的紧迫，能让我们更加科学地安排时间。做好今天的周测是决胜期末的第一步，用审慎的态度精准地计算展示676的实力，让676重回双优班级行列。

中：676的小伙伴们从彼此陌生到如今的和谐互助，从过去经常需要老班提醒捡起地上的纸到如今能自觉维持教室的整齐洁净，我们在一天天进步，每天以更严格的标准要求自己……

高三已不容我再任性、情绪化，不能再因为某个老师的教学方式不合口味而听课走神，也不能再因为一个学科的小测成绩差而影响其他学科的学习。刚上高三时觉得高考还很遥远，没有目标，但现在我已切实感到了高考的步步紧迫，也感受到有明确目标的同学身上强大的奋斗动力。高三我没有考出突破历史的好成绩，却突遇退步到3000名的惨痛教训，也许是以前的任性让我欠的债太多，需要在高三用加倍的努力来偿还。

★高考动员

高考前我们只有186天的时间可以学习，这186天，我们要守常规、少违纪，让老班放心；严格落实各科老师要求，让老师们开心；课间无声，听班长的话，让班长省心；高考后问心无愧，让自己舒心。希望老班对他以后的学生提起我们的时候，引以为傲的班级是676而不再是579。

距高考仅剩185天　值日班长：杜典

★回顾提醒

早：那些去过清华、北大的同学在心里埋下了梦想的种子，但没去过的同学呢？我们每个人都应该给自己一个梦想，可以是理想大学，也可以是其他的院校，但目标一定要有。周星驰说过，做人如果没有梦想，跟咸鱼有什么分别。马云也告诉我们，梦想还是要有的，万一实现了呢？所以我们每个人都应该怀揣梦想，为之奋斗。

中：今天是无批评三自主日，但许多同学并未做到，老班发火也是因为大家的不作为。的确，理综合卷，加之数学近期内容较为容易，数学的存在感大大降低，但请不要忘了，数学是高考战场的核武器，理综和数学两个都要抓，两手都要硬。

进入高三以来，最大的收获就是真正认识到人外有人。以前在普通班很容易满足，但现在才发现，原来还有这么多的人比我聪明，比我优秀，而且比我努力，我又有什么资格偏安一隅？

★高考动员

如今距高考仅 185 天，一轮复习也接近尾声，反思一下我们是否把前两年遗漏的知识都弥补了，我们是否问心无愧了？如果是，一定要坚持；如果没有，更应奋起，用剩下的一百多天完成华丽逆袭。

距高考仅剩184天　值日班长：孙昕宇

★回顾提醒

早：听了班主任读的微信故事，羡慕别人的月薪过万也好，惊叹于集团的高薪也罢，要知道这一切都是他们应得的。或许我们的未来和他们一样美好，或许我们会有比他们更出色的成就，但我们首先要做的是把握当下。若无今日的积累与储备，来日如何能用实力证明自己的价值，如何让别人相信你值得更好？所以，从现在开始，用半年的汗水打好一生美好的根基，怎么算都是有益无害。

中：理综第一次周测分数已经揭晓，270 分以上的高分人数只有可怜的个位数，全班平均分也仅达以往高考的一本线。沉痛也好，抑郁也罢，我们更需重整旗鼓、整装待发，向着高分甚至满分进军。高考的倒计时不会因某一个人的原因而停止，我们唯一能做的就是咬牙坚持。

数学课上简单的问题竟然连续多人出错，出错的人真的比别人差很多吗？显然不是。或许我们更需要在繁多、匆忙的做题中冷静下来，清晰地认识到我们追求的不仅是速度，质量也同样重要。

于我个人而言，从曾经班级的20多名跌倒50多名，有过悲痛，有过绝望，而我相信，笑到最后的人才能笑得最美。不抛弃，不放弃，用毅力和成绩拼到底。随着改错本的重新回顾，易错点的积累提升，我的成绩也在稳步回升。纵使前路漫长、未来迷茫，我仍会努力摸索向前。

★高考动员

班主任说不要混日子，不要在角落中做一个没有存在感的分母。虽然世上总免不了有在角落里默默鼓掌的人，但看着和自己并肩作战的人大多已站在梦想的舞台上，而你却只能默默地流下泪水，你真的甘心吗？所以从今日起，从现在起，拼尽全力，只为让自己无悔，让梦想有望。

距高考仅剩183天　值日班长：吴文杰

★回顾提醒

冬三月的征程即将过半，最寒冷的时刻即将开始，我们是否还能怀着一腔热血化解严寒？面对着理综合科，数学一周三测的压力，我们是否已经在题海中麻木，忘却初心止步不前？面对一周之后的七模、一天四科十小时的恐怖赛程，我们是否能够从容应对？每一次的变数，都会产生更大的分流，就如同每一次科技革命都会拉大贫富差距一般，这是挑战，更是机遇，面对这样一场大洗牌，希望我们都能迎头赶上、化险为夷。

于我个人而言，从少郡来到衡中，经历了大大小小的失利，也在大大小小的挫败后依然勇敢向前。度过了浑浑噩噩的高一、徘徊犹豫的高二，来到了冲刺拼搏的高三，在高三更多的考试与磨炼中，我学会了反思，也尝试着忘记过去。面对之前的玩伴、同窗已经先己一步考入了清华、北大，不免有些不甘，但在充满变数的高三，我们有理由坚持；在183天的日子里，我们有理由倔强。最终高考折桂只有两类人：一类是一路遥遥领先的大神，另一类是追梦的少年。现在，梦已经在远方，路，就在脚下。面对塞王的诱惑，我不会忘记初心，即使是众神在彼岸阻挡，我亦不会改变航向。

★高考动员

“宁当念衰落，政尔事容光。及时且自好，来日殊未量。”愿以梦化剑，携你我一同踏入明年6月的战场。

距高考仅剩182天　值日班长：王诗雨

★回顾提醒

今日亮点：课间比较安静，大家都积极地准备下一科的内容。在课上与老师积极互动，课堂气氛比较活跃。

今天距高考仅182天，没有梦想何必远方，心怀清华北大之梦，亦有脚踏实地之行。公自有限，任务无尽，时间虽短，效率无穷。让我们从清晨开始，用不断奔跑去实现梦想，用坚持不懈去追求卓越，让今天的每一分每一秒为高考成功奠基。

于我个人而言，高三最大的变化就是不再逃避，现实的残酷让我无处可躲，走过高一的黑暗绝望、高二的惊慌无助，我以极其狼狈的姿态开始了高三。从学号十几到四十二号的心理落差和数学极其偏科的无底洞，让我清楚地认识到自己的不足与被动；考场上的慌乱紧张，一次次暴露我内心最阴暗、最懦弱的部分，但我必须面对，必须放下。无论是老师的鼓励还是同学的安慰，都让我在黑暗中汲取力量。数学从一百零几到一百二三十分，作文从45分到55分，化学从倒数到前20名，我一步步成长，收获很多，收获的不仅仅是分数还有力量；过程中虽失落,但始终不曾绝望,只因心中尚存渴望。三年集体生活让我从一个孤僻清高，甚至被人称为不食人间烟火的独行者成为一个有血有肉、有梦想、有激情班级的一员，衡中让我遇到了另一个自我，而我也相信，下一个王诗雨，一定会更好。

★高考动员

愿明年的6月，你我都可以圆梦高考、激扬青春。

距高考仅剩181天　值日班长：石志晴

★回顾提醒

今天距高考仅有181天。汪国真曾言，既然选择了远方，便只顾风雨兼程。冬三月的严寒阻挡不了我们学习的热情，课堂活跃专注，自习高效，为七模奠基，为高考奠基。

不知不觉中，高三生活过半，面对理综自助和数学作业的压力，我们奋勇向前，课间的安静有序成为一个亮点。追梦路上，我们用汗水挥洒青春，争分夺秒，惜时如金。因为高考是人生重要的一环，平台决定了人生高度，在仅剩的181天中，676人定会一往无前、创造辉煌。

高三的学习让我更加充实，经历挫折仍勇敢向前。梦在远方，路在脚下，走好每一步，力争在机遇与挑战并存的高三完成逆袭。

★高考动员

学习收获的不仅是知识，更是一种毅力与品格。让我们携手向前，铸就高考的辉煌，让明年6月的阳光因我们而更加灿烂。

距高考仅剩180天　值日班长：丁雨潇

★回顾提醒

今日亮点：课间利用率较高。英语课上大家都完成了课下作业，讲评比较顺利；物理课上同学们积极参与，互动良好。

今天距高考仅有180天。愿我们能以梦为马，及时追赶生命中稍纵即逝的爱与智慧。

走过高一的傻白甜与高二的兵荒马乱，送走憧憬的前辈，把文宣交给穿蓝校服的高二，自己终于跌跌撞撞走进了秋实楼。没有准备也好，或者不情愿也罢，都不得不承认那些三月份盛放的淡淡的粉樱，又或者在夏初星子稀疏的夜里偷摘下的教学楼旁的桑葚，都已被一个小假期阻隔在了上半年。接下来的只有每天中午进楼时忽然共振的震耳欲聋的蝉鸣和逐渐习惯的缄默与奔跑，这是我曾一直拒绝的高三的印迹，但如今却恍然发觉高三岁月本该如此安稳妥帖，收去低落时“也应有泪流知己，只觉无颜对俗人”的自我安慰，更多地关注如何在未来的时间里成为自己想要成为的人。不再幻想当日没有选择的那个太阳，而更多地欣赏今晚的月光。终于明白原来生活中从来不缺少伙伴，即使是通过跨越楼层的音乐，也能有温柔抵达身边。前些天课间音乐听的是《魔法少女小圆》，里面有一句话我很喜欢，“天空仍满怀漂亮的蔚蓝，无时无刻不在等候着我，所以毫不畏惧”。

★高考动员

在这个没有起霾的冬天，愿我们都能以梦为马，及时追赶上生命中稍纵即逝的爱与智慧。

距高考仅剩179天　值日班长：杨雨晴

★回顾提醒

今天早上异常寒冷，我们班跑步加圈。5点45分全班到位，冒着凛冽的寒风，伴着迷离的灯光，望着高二几乎无人的操场，在漆黑的夜幕下奔跑时，我突然有一种莫名的激动与自豪——这就是衡中高三该有的状态，没有周末休闲，没有分秒放松，我们必须如一台永动机，突破能量守恒的定律，尽一切可能减少备考外的一切热量散失，把全部的精力和激情倾注在日复一日地学习提升中。在各种考试、测试的重压下，在精确到分的日程安排中，在录像带般的重复单调中，我们必须时刻保持作战状态，抓住一切机会提升自己的学习水平和应试技巧，并成功调整心态以愉悦的心情将每一天当作自我挑战。

于我个人而言，我现在仍有时感慨高一、高二的虚度，后悔为何当时没有一个坚定的目标并为之努力。可是过去的已成为历史，今天才掌握在自己手中，希望同学们不要上了大学后再发出为什么高考前没有好好努力的叹息。

★高考动员

送给大家一句话：不问前程如何，但求落幕无悔。

距高考仅剩178天　值日班长：贾涵茜

★回顾提醒

676这个班号，本身带着很顺利的含义：6月7日高考，676班必定顺风顺水，大家都考得很溜。

每一个人每一天对梦想再进一步的追求，在外人看来是很感动的。我们坐在这里是为了自己的未来付出努力，绝非是为了与他人“拼爹”。我们要知道，命运给了我们一个比别人低的起点，是让我们用自己的一生去奋斗出一个绝地反击的故事。这个故事关于努力，关于梦想，关于勇气，关于坚韧，它绝不是一个水到渠成的童话，没有一点点人间疾苦，这个故事是有志者事竟成，破釜沉舟百二秦关终属楚；这个故事是苦心人天不负，卧薪尝胆三千越甲可吞吴！

距高考仅剩177天　值日班长：郭朝阳

★回顾提醒

平均属于我们每科的备考时间不足30天，越到最后越关键，希望我们676人砥砺前行，笑到最后。

进入高三，时间被我们重新定义，学习的高度专注让我们感受到一天的长度仿佛被无限缩短，不知不觉中日复一日。高考倒计时咄咄逼人，仿佛高考就在眼前，梦想触手可及。我们每个676人都有自己的梦想，有过辉煌也有过失落，但是不要忘记，在这人生为数不多的经历里还有676的兄弟姐妹共同奔跑，这是多少人可遇而不可求的经历，是多少走出衡中的学子热泪盈眶的回忆，于我们而言，抓住当下就是抓住了人生最宝贵的财富。

于我个人而言，进入衡中以来，若干次的沉浮起落让我更加从容，让我从犹豫迟疑到相信自己。我相信自己的能力，更相信命运可以由自己把控。我不再留恋过去的辉煌，活得更加真实。高三的充实让我不再顾虑，拿起笔便情不自已。

★高考动员

每一朵花都有属于自己绽放的时刻，高考路上纵有千万人阻挡，也要拼搏个地老天荒——受伤，又能怎样？咬牙，我自倔强。

距高考仅剩176天　值日班长：李越

★回顾提醒

早：今天距七模还有3天。今天是12月12日，作为一名高三人，尽管我们没有狂欢的双十一，但我们可以有一个充实的双十二。让我们燃烧大脑，挑战极限，做到傲七模、傲高考。

中：经过理综合卷两周的碾压，我们也终将迎来第一次理综的调研考试。尽管近来我们的成绩暂时落后，但我相信那只是成功前的沉潜。经历过欢笑、苦闷，七模只有第一的成绩才配得上我们的努力。

值得庆幸的是，我遇到了一群刻苦勤奋的同学和激情四射的老师。正是676，让我结束了从9号到49号的跌落，结束了高二的诸多不良习惯。

★高考动员

希望大家在七模、高考中能一手指天一手指地，做到“天下第一”的心态。

距高考仅剩175天　值日班长：蔡梦璐

★回顾提醒

今日不足：今天作业完成度仍不理想，理综选择专练依旧催了好久才交了一点点儿，这是我们班级突出的问题——纵使时间真的紧张，有人能完成作业仍有余力，其他人为什么不行？所有的理由、借口最终指向一个原因，即我们真的没有拼尽全力！

今天是12月13日，距七模只有两天。我们应在距考试最近的这两天内，利用好每一分每一秒，为理综的第一次正式亮相开个好头，为我们676的王冠再增荣耀。我坚信，无论七模还是高考，我们676都会是最终的王！

★高考动员

从初入高三的365天倒计时，到如今早已过半的175天，在我们感到极为短暂的一段时间后，我们就要踏入高考考场，可能有人早就利用这短暂的时间解决了所有问题，也可能有人直到考场铃声响起才发现自己还有那么多东西没有掌握。没有人主观上想成为后者，但若现在仍昏沉盲目，注定沦为后者。

距高考仅剩174天 值日班长：张永赟

★回顾提醒

今日亮点：课堂上紧张高效，特别是在生物、化学课上紧跟老师，气氛活跃。

今日不足：到位和进入状态速度较慢，和674班、675班差距较大。

今天距高考仅剩174天。距七模还有1天，一日之计在于晨。抛却杂念，全力拼搏，紧张高效，把1天当作5天用，找漏洞解难题，完美高考！676人拼搏的每一天都精彩！

今天，又是一日冬寒，是茫茫备考路上朴实而又充实的一天。窗外，冬日的雪不期而至。寒冷袭来，冰冷彻骨。可这阻挡不了我们向前的脚步，纵使窗外鹅毛飞雪，纵使天空晦暗无光，对于我们——为梦想拼命的热血青年，这又算得了什么？！

高三生活已过半。于我个人而言，在676的大家庭里，我收获颇多。成绩的起伏让我懂得心静如水的内涵，“胜不骄败不馁”的古训也让我在实践中有了更深的体会。在陈老师的要求下，我逐渐改正了自己身上的坏习惯：我会有意地清理桌面，注意周边卫生；较难题目的舍弃和做题习惯的养成也让我获益匪浅；我也一点点儿走出自己的象牙塔，多次和同学交流问题……当然我知道自己的缺点还有不少，学习成绩的提升空间还有很多，高三的意义就是让我在高考前蜕变成蝶。我对自己充满信心，就像我深信“676班是最优秀的”一样从未改变。

★高考动员

各位同窗，这是我们的时代，是属于676的辉煌，让我们共同努力，到中流击水，浪遏飞舟！

距高考仅剩173天 值日班长：郑文浩

★回顾提醒

今日亮点：同学们备考专注投入，有一股沉稳之气在班级流动。

今天是七模，第一次理综合卷，离正式高考越来越近。12年的艰辛历程是为了我们更好地在明日展翅翱翔，这200天的时光将永远保留在我们的记忆中。

★高考动员

勇敢地向梦想发起挑战，不怕千万人阻挡，不管眼前多大的困难，流过至痛的泪水，忍受过难以想象的屈辱，但仍欢乐地在新航路上奔驰，这就是海贼的精神！无论失败过多少次，但都再一次站起来；无论受过多大的打击与羞辱，但都坚持梦想；无论哭过多少次，但都笑着在新的航路上奔驰。我们可以没有橡胶果实的耐打，但我们可以有路飞的坚韧；我们可以没有三色霸气的震撼，但我们可以拥有梦想。

距高考仅剩172天　值日班长：周怡宁

★回顾提醒

早：七模已尘埃落定，八模也即将到来，此时无论是欣喜或悲伤，请谨记大大小小的模拟考仅是你我高考路上的一个节点，反思后便可整装待发；放假也绝非为了放松，只是一个反思的契机！还望我676人把握当下，不负初心，负重前行。

中：不知不觉间高三也已过半，与其说它是学校—宿舍—食堂的三点一线，毋宁说它是为梦想拼搏的每分每秒。

高三更像是一面照妖镜，映射出昔日我的浑浑噩噩与自我满足。面对无数次突破下限的成绩，我早已放下过去的包袱，不怨天，不尤人。在老师的指导下一点点儿改正自己的小毛病，努力让每一天都有收获、有意义。我清楚自己的提升点仍有很多，迷糊纠结的时刻也常常会有，但我坚信笑到高考的人才是笑得最甘甜的人；我不怕进步迟缓，只怕在无数次的淘洗中丧失了改变的勇气。

★高考动员

最后172天，愿676人携手向前、共铸辉煌。

距高考仅剩171天　值日班长：胡典典

★回顾提醒

去做你害怕的事情，害怕自然就会消失；拿得起放得下，高考就不在话下。

强者只会在挫折中奋起，愈战愈勇，绝不会被失败打垮；如果你的自信是强大的，那你就能勇敢面对一切——676 的战士们，高考一战 676 人必定成功笑傲人生。

本年度最后一次模拟考试已经结束，结果并不是我们想要的，但这恰是一次提醒，提醒我们每一科都不能放松，提醒我们要摆正对语文、数学的心态，提醒我们革命还未成功，同志仍须努力。我很认同一句话：“态度决定一切。”无论何时，你的态度是端正的，那过程一定是好的。一步步扎实了过程，又何必担心结果呢？七模没考好，没关系，我们的老师还在为我们保驾护航，我们的家长仍对我们充满希望，八模考试，676 班定能逆袭成王！

对我来说，高三是一个转折点，从先前的满不在乎到今日静心学习，从大喜大悲到今日考试之后的淡定心态，高考备考让我学到很多，虽然我还不够优秀，虽然我还不够稳定，但我一定不会放松，用一句话形容，那便是泰山压顶的责任感、闻鸡起舞的紧迫感、不进则退的危机感、舍我其谁的使命感。

★高考动员

一路上有 676 战士相伴，高考必将辉煌！

距高考仅剩170天　值日班长：代勇

★回顾提醒

距八模还有 17 天。八模是新年的第一战，不管过去的一年如何，新一年都是一个新的起点。电子显示屏上的数字无时无刻不在提醒着我们时间真的不多了，明年即将到来。可以说，十余载的寒窗苦读在于能否一朝成名。虽然刚刚经历了七模的失败，但是我仍能看到 676 的大气和从容。从同学们的到位，追着老师问问题，课堂上的互动，我切身感受到了我所在的 676 是一个团结向上的集体。我也相信，在八模，在明年的首战，我 676 人定能证明自己，重回巅峰！

对我个人来说，来到衡中已近 150 天。我的态度从起初的畏惧、退缩到而今的坚定，衡中人无时无刻不在影响着我，让我坚定自己的梦想，认清自己的位置。从在座的各位同学身上我也真正看到了什么是“把优秀作为一种习惯”。七模考试，我的成绩一落千丈，没有为班级做出贡献，但我一直坚信自己，坚信理想不能实现是向往不够深，只要不忘初心、奋力前行，我一定能实现自己的梦想，无悔高考。

★高考动员

明年注定是不平凡的一年，愿我们都能不忘初心、砥砺前行。

距高考仅剩169天　值日班长：李靖

★回顾提醒

距高考仅剩169天。在尘埃落定的七模中，我676遭遇了惨败。我认为无论是尖子生还是后进生都应做好反思。我们676是头狼，战就要战出狼的血性，永远不要忘记我们理实第一的初心。

今天许多人因简单题出错而被老班训，这次失误提醒着我们要重视基础、重视简单题，力争简单题不失分，难题多得分。

于我个人而言，从初入衡中对高三生活的向往，到曾经沉浸题海的迷茫，再到如今坚定信念的一往无前，可以说来到衡中我学到了很多，不只是科学知识，更多的是一种态度，一种676全体同学勠力同心、奋勇争先的精神。有这么一段令人感动的时光，人生无憾。

★高考动员

时间飞逝，倒计时展牌在不知不觉中由350天变成了169天，时间已过去大半，我们必将好好利用剩余时间，将自身的潜力发挥至极限。

距高考仅剩168天　值日班长：张天池

★回顾提醒

刚刚结束七模，我们班的成绩再次陷入低谷。班级的失利是每个人的失败，然而，我们要有勇气面对失败，更要有能力去发现问题。我认为目前最大的问题有两个：首先是不能落实老师的要求，不能及时完成任务。677班做得比我们好，尤其是在语文上，因此我们被反超。确实现在的任务量很大，这对我们的学习效率和规划能力提出了更高的要求，需要我们付出更多的努力。再就是心态问题。正如昨天老铁所说，我们现在不够紧张。你是否还有刚升入高三时的热情，是否仍有对清华、北大的无限渴望，又是否有与之匹配的行动。

于我个人而言，进入高三以来，我对高考更多的是一种拼搏的态度、一种努力的习惯，这比学到的知识更重要。人生的走向不取决于高考分数，而要看是否能将高三的状态保持到之后的人生中，因此，清华、北大不是终点，而是另一个起点，之后的路同样艰辛。那些清华、北大的学长、学姐们的生活并不比我们轻松，同样需要拼搏。相比接近清华、北大的机会，一颗一往无前、敢于拼搏的心才是衡中给我的最大的礼物。

★高考动员

别让高考倒计时成为无关紧要的数字，要从中感受到紧迫，每一天都充实自己、改变自己。

距高考仅剩167天　值日班长：杨博

★回顾提醒

今日亮点：课堂气氛活跃，能紧跟老师思路，课下交流反思比较积极，但紧张度略显不足。

逝者已矣，来者可追。新的一天就是新的开始，不要感慨时光的流逝，不要抱怨任务的繁重。相信未来，相信不屈不挠的努力，让我们用行动缔造我 676 新的辉煌！

七模考试结束将近一周，在我看来，反思总结固不可少，相信未来却更为重要，过去的毕竟已成为历史，重整旗鼓，以昂扬的斗志投入新一轮的备考才是当务之急，我们 676 从不缺少能力，相信自己，只要尽全力，就不后悔。

于我个人而言，在来到衡中的 150 多天里，我体会到了高中生涯从未有过的充实与感动，大题量的训练虽然有时令人绝望与迷茫，但在这之后带来的融会贯通的感受却更令人神往。今天早上，当我第一次早早冲出宿舍，奔向聚光灯照射下的空旷操场，身后此起彼伏的“我要上清华，我要上北大”的呼喊令我产生莫名的感动。高三本应如此，心无旁骛，一心向学，这样，即使最终结果并不尽如人意，我也可以骄傲地告诉自己：“我努力过，我不后悔。”

★高考动员

将一句话送给大家，也送给自己："被人强行拉进角斗场与自己昂首阔步走进去的感觉是完全不一样的，至少我知道。你，也一定知道。"

距高考仅剩166天　值日班长：杨柯

★回顾提醒

时间不等人，从初入高三的300天到如今的166天，好像只在转眼间，"来日方长"已不适合形容高三，最重要的便是抓住课间，虽然我们做得还不够好，但我们都在为高效、无声的课间努力。课堂上，同学们非常积极，紧跟老师思路，如果坚持如此，我676必会重归巅峰。

于我个人而言，来到衡中就像来到了一个从未触碰的全新世界。从前，我不知道一个人为了梦想可以如此拼搏，在这样的环境中，我也不知不觉从以往的随意转变为对高考的严肃。从享乐和虚无中脱离，这里就是我人生的转折；风雨同舟，同拼同搏，与同学们在一起，就算脚踏荆棘，也不觉疼痛，不显悲凉。

★高考动员

高考迫在眉睫，每天唯一不变的便是时间的改变。在充满机遇与挑战的高三，每一天都是比赛，每一天都是战场，每一天都要用最旺盛的斗志来迎接、来度过。高三从不缺少奇迹，后来者居上，早早奋起！

距高考仅剩165天　值日班长：展一凡

★回顾提醒

今日亮点：收卷时比以往迅速。

今日不足：课间依旧不能有效利用，这点仍须加强。

来到衡中犹如一个崭新的开始，我在这里才真正体会到高三的滋味，纵然仅剩165天，即使自己做得还不够好，但我们还有时间去弥补、去补牢。

★高考动员

青春岁月短暂，就该做年轻人该做的事情，即使当下平常，也要一直追求卓越。昨日已经过去，未来还未到来，只有今天仍把握在我们自己手中。

距高考仅剩164天　值日班长：杨浩

★回顾提醒

昨天晚上一场酣畅淋漓的班会，给676每一个人都打了剂强心针，我们知道了时间的紧张、局势的急迫、自己和清华北大之间的差距，我们也知道了自己成绩的波动和一层层面具的危害。大家一扫之前的盲目和颓势，用冷静的头脑、归零的心态、持续的拼搏迎接全新的开始。语文课气氛活跃，数学课思维积极，课间也少了往日的闲散和喧闹。今天的676不再舔舐自己的伤口，今天的676从撕下伪装的面具到直面真正的自己，一个全新的676，定当是一个攻无不克的676。

于我个人而言，曾经的我没有所谓的梦想，在一个西北小城靠着如今看起来微不足道的自我满足庸庸碌碌。来到衡中后，才发现自己没有任何不屑的资本。而原来的我，也只是不敢，只是懦弱。我是幸运的，因为我来到了676，遇见了一个个负责任的老师，遇见了一个个可爱的执着的你们，感谢在衡中遇见的一切，教会我成长。我深知自己和优秀者的差距，自己种种的缺点和不足，但就算再跌倒100次，我也会从第101次重新开始。

★高考动员

164天很快，但求每天无悔。风雨兼程，只为遇见更好的自己。

距高考仅剩163天　值日班长：李明哲

★回顾提醒

今天，我刻意提早到了教室，不出5分钟班里就基本座无虚席了。神奇的到位速度，但这种速度已成为我们的日常。中午大家又学习到12点半，留下不到10分钟的午饭时间，甚至到了12点35分还有23名同学在班里学习。晚上也是在离熄灯只剩几分钟时才离开教室。

我们676人早已对这样的作息习以为常，在这样平常的一天天中坚守、坚持，为了自己的梦想抓紧一切时间学习。我想这种坚持的精神就是我们班最大的亮点吧！也正是一天天的坚持和积累，让我们能在高考中无怨无悔！

于我个人而言，高三来了，学习的压力越来越重了，每个人也都投入比以往更多的精力去学习。随着时间卡得越来越紧，一天中似乎所有时间都是在用来提高成绩，不免觉得十分枯燥无聊，但仔细想想，这种枯燥带来的是对学习的专注。这种平常的一天一天极为相似的生活，就是要让我们能专注地面对学习，毕竟只有高考成绩才是实实在在的啊！

既然这样，就真正专注学习吧，把学习变成一件享受的事；既然无论如何都要坐下来学习，那为什么不潜下心，一心把学习搞好呢？要心无旁骛地学习，要在一天天的平常中坚守，这是接下来要做的。

★高考动员

一起加油吧！676的朋友们，以梦为马，不负韶华！

距高考仅剩162天　值日班长：贾方实

★回顾提醒

今天距高考仅剩162天，想起当时语文老师指着倒计时说："200天了！过不久，就会变成150！而后100天，之后你们就上考场了！"时间如此紧迫，我们也一如既往地有序高效：早读时声音洪亮，老师一进门，声音立马高了一倍；物理课上大家高效紧张，一分钟学了一张学案；语文课上同学们积极认真，吸收了老师"进去读题，出来答题"的解题指导；数学课上我们积极活跃，探讨未来高考改革的二次测试问题；化学课上我们思考学习，锻炼了不写学案听课的技能。

★高考动员

今后百余日愿与诸君携手前行，积极思考，勤于总结，采撷收获，颗粒归仓。学习亦应专注高效，为明年6月积蓄力量。

距高考仅剩161天　值日班长：雷学勤

★回顾提醒

今天距高考还有161天，但距八模只有8天，也就是说距我们的翻身仗只有8天了。我们要把这一仗打得完美，打得响亮，打得令别的班瞠目结舌！黎明前最黑暗，胜利前最渺茫。过去的失败给予我们独一无二的强力助推剂，676的壮士们一定会亮剑八模，创造新年开门红！

转眼间高考迫在眉睫，这本高考冲刺记录本几经辗转同学们已经将正面全部写完，留下全新的背面待我开启。有一句话我在心中念了千千万万遍：“黎明前最黑暗，胜利前最渺茫。”今天的676人人埋头苦干，今天的676在黑暗中咬牙前行，而明天的676必将笑容满面各奔东西。相信在老班英明的指导下，墙面上579班成绩及录取榜会更换成676班成绩录取榜，我们将成为学弟学妹们新的榜样。

于我个人而言，来到衡中，无疑是我过往一帆风顺的17年人生反差巨大且惊涛骇浪的关键一年。在过去的近100天中，我见识到了梦想强大的感召力，见识到了居然还有这么一群人在为梦想拼尽全力，更见识到了我不曾意识到的作为老师的无私与伟大。没有深夜痛苦的人生是不完美的。千里迢迢来到衡中，我第一次如此多愁善感，如此怀念父母的关切与责备，而如今的离开是为了明天更好地飞翔。回想起初见董丽妍的那天，阳光正好，她在笑。希望在博雅塔下、未名湖旁，我们也都能这样开怀大笑。在676我知道了桌面不整洁考不上清华北大，知道了地面有垃圾考不上清华北大，知道了指哪儿打哪儿的重要性。如果我们都能不忘初心、听从指挥，明年6月必会春风十里、彼此同行。

★高考动员

“功不唐捐”四个字赠予自己，也赠予一同拼搏的你们。

距高考仅剩159天　值日班长：郭维

★回顾提醒

今天的高考倒计时从160天变成了159天，时不我待，就让我们从早预备开始，拿出最好的状态、最高的效率投入今天的备考！加油，676！

师生每个人都在向着积极的方面改变，英语老师在听了NEIL老师的讲座后更幽默、更可爱；伟哥（方伟）在被老铁训了几次之后，英语课也不再沉醉歌声并在单词检测中一题也没错；我的数学选择低错也比前几天少了许多。今天的676，每个人都在为明年高考的辉煌奋力拼搏。

于我个人而言，今天是我来到衡中的第 101 天，我收获到的远非学习上的知识，更有性格上的独立和与优秀的你们一起学习的经历，现在的我深知与你们的差距，但现在的我也还有时间、有机会。

★高考动员

在仅剩的 159 天里，让我们相互学习，人人都成为 676 的骄傲。希望明年能与你在清华、北大重逢。

距高考仅剩158天　值日班长：李润华

★回顾提醒

早：今天是今年的最后一天，距高考仅剩 158 天。今天不仅是一周的结束，也是一年的结尾，希望同学们带着自信与梦想，完成今天的周测，为一周也为一年画上一个完美的句号，并带着这份自信，踏入明年 6 月的考场。我始终坚信，676 是一个逢一必争、逢冠必夺的群体。无敌 676，明年必定清华、北大同班！

中：今天是一年的结尾，我们少了份新年的欣喜，多了份考试的冷静沉着——因为这是高三，一切都注定与众不同。今天我看到了同学们对低错的关注重视，但绝不是上课铃响后同学们仍未踏实学习的理由，我们必须承认，在常规上还有很多的不足。诚然曾经流传着“量化与成绩成反比”的神奇定律，但这不应该成为一种放纵的借口，毕竟一百五十多天后，还有场更大的狂欢在等着我们。

于我个人而言，高中三年，处处平淡，但每天都有故事，高一、高二，我经历了一周十余节课的奥赛课，经历了二十小时的暑假，经历了一天三测的疯狂刷题，也认识了一帮一言不合就开撕的“二货”。当我放下奥赛的行囊，踏上高考之路，我遇见了陪我一同低错的队友。不论如何，我相信大家同我一样，会在多年之后，想起高中三年的欢笑与泪水，想起同窗同读时的美好，更会想起明年初夏 676 高考的辉煌。

★高考动员

希望大家最近注意身体，不要像我一样，周测时一手拿笔一手拿着纸抽。连身体都养不好，怎么考清华、北大？

高考前5个月

距高考仅剩157天　值日班长：田景昊

★回顾提醒

早：今天是新一年的第一天，终于还是迈进了我们的高考年，今天所有的一切都将被清零，所有的一切都需要被遗忘。愿我们以归零的心态，活在当下，活在今天，享受单调生活中每一个意想不到的充满诗意的惊喜。

中：新年伊始，万象更新。不知大家是否能真正做到归零自己，以一个起点的角度来看待生活。今天依旧是忙碌的一天，依旧是奋斗的一天，依旧是追求梦想的一天。但在共同奋进的同时，我也想请大家思考自己是否已经被梦想淹没、被奋斗淹没，被那场重要但又不是最重要的考试淹没。“清华北大不是人的终点”，这是奥赛教练员曾嘱咐我的一句话，我觉得它很有味道，所以把它送给大家。在这全新的开始，愿我们回归本我，更清醒地踏上这条注定不平凡的赶考路。

从决赛失利后的自我堕落再到现在已经28天了，我本来以为那场打击会让我变得很丧、很颓，但事实完全相反。回到这个集体，我觉得自己心里的某些东西被点燃了，我觉得这样的生活很让人陶醉，这样的生活充实、紧张而又不失诗意。遇到大家，是我目前为止最幸运的一件事。

★高考动员

提醒大家保重身体！那些感冒的同学，比如说我的同桌，一定会很快地好起来的！还祝大家新年快乐、学习进步！

距高考仅剩156天　值日班长：何晨旭

★回顾提醒

元旦已经过去，新的一年从今天起步入常态化，历经十余年的求学生涯，我们终于可以自豪地说："今年我将承载家庭的期望迈向6月的高考考场！"156天其实稍纵即逝，我仍清晰记得初赛失利后刚刚回到实验班，展牌上的数字不是"1""5""6"，而是"2""7""8"，我真的很震撼时光何以如此之快。不知道你们面对这些数字是不是足够敏感，如果是，那么请怀揣自己的梦想，与时间赛跑，让最后这156天发挥出它最大的价值。相信每一个676人定能在今年6月金榜题名！

于我个人而言，我是幸运的，奥赛的失利让我学会面对痛苦微笑，学会以乐观的心态看待本该归属于苦难的东西。在这之后，我又无比幸运地被分到了676班，拥有了很多班难以享有的高配置资源：一个幽默可爱又带班有法的铁腕老班，一群兢兢业业、严厉中不失满满关怀的顶级教师组成的团队，还有一个热心负责、人品超级棒的班长，一个日复一日能为班级的跑操把嗓子喊哑的正派体委，还有时刻为班级带来向上的正能量、想赚很多很多钱的萌萌的纪委。676今日的辉煌得益于老师的心血，同样离不开同学们的付出，预祝真心为班级付出的同学们在今年的高考中人品大爆发！与我一道在题海之中同舟共济的你们，让本来枯燥的高三生活充满了竞争的乐趣的你们，能拥有这样的你们，还怕什么艰难险阻，还有什么理由去挥霍青春，还有什么借口不为这最后的156天奋力一搏，圆你我的大学梦？

★高考动员

所有676人，无论你是与我曾经"出生入死"的化竞兄弟，还是一名纯粹的高考战神，请记住，6月，是676的主场！问苍茫大地，看我676定主沉浮！

距高考仅剩155天　值日班长：郭昊明

★回顾提醒

距高考仅剩155天，距八模考试仅有两天，你是否还记得七模时的耻辱，是否还记得贴在桌角上的八模目标，是否还记得立志清华北大的热血豪情？八模的冲锋号已然吹响，望每一个676人沉着应考、无畏向前，只为八模一战，血我班耻、扬我班威！

今年的1月，寒风凛冽；今年的6月，阳光暖人。

两天后的八模考试是我们高三备考生活中平常的一次考试，但对于我们每个676人而言，都有着不平凡的意义：八模，是一次迈向清北、冲击领军博雅的机会，是新年第一战，是我们676班血七模之耻的最佳时机。在我看来，每一次调研考试都是新的开始，在高考的最终之战来临前，一切失败都不足以畏惧。失败并不可怕，可怕的是失败后的麻木与碌碌无为。七模我们676虽然败了，但我看到了改变：数学低错大幅减少，语文学案高质量完成，课间少了张望与空缺，多了一个个默默付出的676人。在剩下的两天内，我们要做的是沉心静气、调整心态，不慌张，不急躁，坚定目标团结一致。如此八模一战，定能血我班耻、扬我班威。

于我个人而言，从奥赛失利后的萎靡不振到如今改变对高考的态度、重整旗鼓，676给了我很多。676让我看到了活而不乱的课堂、爱生如子的班主任、认真负责的各科老师，让我认识到还有那么一群为梦想而拼命奋斗的676人，更让我感到了前所未有的温暖。无论155天后的结果如何，无论能否考上清华、北大，只要和676班的每一个同学、老师一同奋斗过，我的高三便无怨无悔。

★高考动员

别让你的努力配不上你的野心，

别让你的行动辜负你的期望。

你的关心让我体会到集体的温暖与幸福，

这个世界会变，如何去爱都将取决于我们。

让我们挑战八模，冲击清华北大，怒放人生。

距高考仅剩153天　值日班长：孙涛

★回顾提醒

八模在即，信心满满的同学们即将奔赴考场。希望我们在今天的考试中避免非知识性失分，用最饱满的热情和最激昂的斗志迎接新年的第一仗。

上午的语文和数学已经尘埃落定，我们从中吸取了教训，但我们绝不悔恨、犹豫，下午我们定当以最饱满的热情和最激昂的斗志迎接理综和英语，整整450分还需要我们拼搏和努力。不管上一阶段在这两科上表现如何都已成为过去，现在能做的就是走好当下的每一步，信心百倍地将这两科做到最好。

★高考动员

希望每一个676人都能发挥出自己的水平，为676打一个漂亮的翻身仗。八模，必将是676人迈向清华、北大的第一步！

距高考仅剩152天　值日班长：王鼎生

★回顾提醒

八模的硝烟尚未散去，九模的战鼓已然擂响。不论八模结果如何，不论你是哭是笑，这一切都已成为过去。我们唯一能做也必须做的，便是从过去的考试中吸取经验教训，积极投入新一轮的备考中。高三本不该有悲欢的姿态，唯愿你我心态归零，从原点出发，让每一天都因拼搏而无比充实！

于我个人而言，奥赛失利中一路走来，我也学会了很多，从当初面对高考的恐惧到如今的淡定从容，我更加坚定了自己北大数院的目标。回归高考的路上困难重重，但我始终相信：如果你属于北大，至于怎么上北大，只是一个方式、时间的问题。一路前行，必有所获。

★高考动员

八模考试已尘埃落定，不论结果如何，都已成为过去。不论你是预言自己理综能上290分，还是数学保分大题已经沦陷，你都应该明白，一切都会过去，一切未成定局，我们还有一百多天的漫漫征程要走，这一百多天中，一切皆有可能，唯有静下心，坚定地继续走下去，才能迎来高考的辉煌。

最后，我把电视剧《亮剑》中的一段话送给大家：面对强大的对手，明知不敌，也要毅然亮剑，即使倒下，也要成为一座山，一道岭。

距高考仅剩151天　值日班长：刘昕晓萌

★回顾提醒

今天是八模考试结束、九模备战开始的第一天，对于每一次考试我们总是心存期许，收获硕果也好，留有遗憾也罢，人人都需要继续前行。走好这一百多天，学海无涯，但见天际，没有终点。

于我个人而言，衡中三年岁月，带给我的收获真的太多，经常有老师对学生讲“你到衡中来不是受罪的”，但其实从某种意义上来讲，我是来受罪的。这一段旅程是我17年来对自己设下的最大挑战，从一个上课从来不听讲的学生到爱上每一位老师课上的自己，从一个个性飞扬、固守己见的学生到明白“识时务者为俊杰”的自己。奥赛学习过程中遭遇的各种不明来历的挫折，回归高考时满心迷茫的痛楚，一直到今天，我真心热爱这高三的每一天生活，感激老师们的不辞劳苦和像太阳一样温暖人心的笑容，还有亲爱的同学们，我一直相信我们676这个集体有其他班级无法企及的力量，我们的班风中有着淡定与从容，我们彼此的友爱一定能因今日每分每秒的拼搏助我们成功，在我们的成长道路上留下鸟语花香。

相信大家和我一样，走过苦涩而芬芳的时光，心中会有许多感悟。曾经我只是一个在头脑中神游四海八荒的梦想家，现在我明白这个世界需要我们每个人的爱，每个人的存在都会在世界的浪潮中激起洁白的浪花。我们一定要用自己的力量让世界变得更加美好，热爱心中每一个或微小或渺茫的梦想，爱上我们所做的每一份工作，爱我们身边的人。

★高考动员

凡心所向，素履所往，生如逆旅，一苇以航。

距高考仅剩150天　值日班长：邢宝超

★回顾提醒

早：八模已过，九模在即，无论你是顺利闯关成功，还是已然“阵亡”需要购买复活币，都请赶紧整理好装备，因为没遇到高考这个“大BOSS”是不能退出游戏的。请调整心态，继续前行。十步拿满分，千里不留行。

中：时间的脚步总是飞快，如今高三的时光仅剩一半。岁月不待人，希望我们能够仍然坚持自己的梦想，砥砺前行。王子皇孙，学语文也；桌子对齐，学数学也；我是李华，学英语也；选择六分，学理综也。今年6月雷霆乍惊，清北过也；辘辘远听，杳不知其所之也。一空几分，尽态极妍，好好考试，而望幸焉。有不过高考者四年。语英之收藏，数学之经营，理综之精英，几世几年。一旦不能有，输来清北。六百九十，六百八十，弃掷逦迤，清北视之，亦不甚惜。嗟乎！七百分之心，千万人之心也。清北爱七百，人亦念其分。奈何取之尽细节，扣分如泥沙？使学案自助，多于南亩之农夫；所致致错，多于机上之工女；在校时间，多于在庾之粟粒；面批之次数，多于九土之城郭；听力呕哑，多于世人之言语。使天下之人，不敢言而敢怒。学生之心，日益满足。久经考试，手笔一挥，全部录取！

八模排位赛已经结束。面对这么多黄金、钻石段位的大神，我更多看到的是自己的差距，接下来应该为676班做出自己的贡献，不负青春誓言。

★高考动员

祝大家在接下来的学习中能“十步拿满分，千里不留行”。在九模和高考中或迎接辉煌或一雪前耻，发挥出自己真正的实力。

距高考仅剩149天　值日班长：赵举然

★回顾提醒

早：今天距高考还余149天，新的一天却并非新的开始，我们从昏沉的睡梦中醒来，披星戴月，走入周期性循环。

不可否认，衡中的生活是枯燥的，但正如夏蝉蛰伏一生的等待，愿我们676所有人能够沉潜于今日，磨砺锋芒！

中：距高考我们还有一段说短不短、说长不长的路要走，短到相比于已然过去的高中两年，最后的尾声不过眨眼即逝；长到每一天都是新的征程，每一秒都有无限的精彩。我很幸运自己能做这个循环的收官之人，也很幸运进入了676这个生机无限的家庭。我看到了你们辉煌的过去，也经历了两次班级的低谷，我为自己未能为班级尽责而惭愧，却也如同你们一样，满怀希望地面向未来，固执地坚守着那个遥远却美好的梦想。

★高考动员

亲身经历了那个让我爱恨交加的初赛，我对这全新一年有着更加清晰而执着的梦想。高考是一个所有人都未知的谜，是一段刻骨铭心的痛，没有人看得透虚幻的高考，我们所能做的，就是埋首、努力、训练，做一个心灵上的苦行僧、肉体上的受刑者，以虔诚之心去追梦。676的所有战友，必将凯旋！

距高考仅剩147天　值日班长：李明哲

★回顾提醒

今日亮点：昨晚理综测试后班内比较安静、秩序良好；跑操口号持续碾压其他理实，排名B部第一；早饭后到位较早，进入状态很快。

今日不足：课间略显杂乱，有一丝浮躁；理综收卡速度慢，交的也不齐。

转眼间，又轮到我做值日班长了，回首过去的200天高三生活，真心觉得高三教会了我很多。它教会我要更简单和纯粹，一心想着自己的学习，规避外界种种使人分心的事物；它教会我要主动追寻，由内而外地去改变一些事情，改掉很多不好的习惯（比如习惯性不写学案）；它教会我理性地看待备战高考路上的成与败，不再像以前一样考好一次就浮躁整个月，而是像科比说的“仰头不是骄傲，是要看见自己的天空”，找到自己继续向前的自信和动力。我不知道自己是否会在多年后回想起现在时热泪盈眶，但我现在只想继续简单、纯粹、主动、淡然地追寻梦想，虽然我还有很多缺点和不足。比如，考后浮躁，什么也写不下去，考试做得慢做不完，等等。

距高考只剩147天了，每一次当值日班长都是时间的一个节点，希望在下一个节点遇到更好的自己。

★高考动员

外界的压力终究会变成内心强大的动力，潜力无限的你们奋力一搏，定会如鹰击长空、重回巅峰。

距高考仅剩146天　值日班长：王奇

★回顾提醒

今日亮点：今天的课堂气氛较好，大家能紧跟老师，闲言碎语的人少了；公共自习能较快进入状态，课间闲逛的人少了，大家都在问问题，比较有序。

今日不足：到位差距较大，最早、最晚能差6分钟；课下任务完成不佳，如语文学案、数学42套。

我不想给大家再灌什么心灵鸡汤，只想跟大家说心里话。首先，我一直相信高三的备考就是一场长达365天的修行，修行的过程怎样只有你与上天知道，而修行的结果却是众人皆会知道的。因此只有静下心来修炼自己，让自己的头脑或说是灵魂日臻完善，才能在修行的终点——高考的“抽样调查”中胜出。

时间的脚步如此之快，指尖流逝过的日子教会我很多，它让我知道自己可以在有限的时间里完成看似不可能完成的任务，也让我明白自己会有如此大的潜力尚待挖掘，但同样让我发现自己还有很多不足或缺点。回望高三以来走过的路，有巅峰亦有低谷，这样的沉浮磨砺了我的心志，让我在起伏之中保持一颗淡定的心，于沧海横流中岿然不动，胜不骄，败也不馁。

★高考动员

我想和大家说一个词——“骨气”。人不可有傲气，但不可无傲骨，骨气同样是备考过程中必不可少的精神气魄。你是否问过自己，同样是在一个学校学习，你凭什么没有班级第一、年级第一要强？真的是因为你尽力了却没有收获吗？我想未必，反倒可能是你少了一份不拿第一不罢休的骨气，于是在一次次失败中与自己妥协，于是便坠入深渊爬不上来。

最后我还想说，有时候你要问问自己，你真的努力了吗？有时候你只是看起来很努力，但却没有坚定的目标改变自己的决心，所以整天把自己搞得很疲惫却了无效果，所以146天时，请你认真审视自己、重新发现自己，抓住自己最想达到的目标，有方向，有计划，如此才能笑到最后。

距高考仅剩145天　值日班长：韩双庆

★回顾提醒

今日亮点：数学课上高效专注、气氛活跃，充分调动了学习热情；自习课进入状态很快，课间外出的人明显少了；早预备进入状态较慢。

今日不足：英语作业有原题出错现象，并且存在听课时跟不上和不专注的现象；到位仍须提高。

弹指刹那，若从小学期算起，这种班上的执勤人——值日班长经历了近两个循环。当我再次拿起这个本子时，觉得自己又成长了许多。

就我个人而言，经历了前期的低潮和两三次连续进步的蜕变后，再次陷入低谷。我在三次考试的迷茫徘徊中逐渐又找回了渐已失去的斗志，从容迈步，心中有激情，脚下有方向。

这又何尝不是八次模拟给予我们的礼物呢？考试检验的是知识，锤炼的是心态。但凡成绩优异者，都是心如止水、不焦不躁。不随意对待任何一道题，不允许知识框架有一丝漏洞。我从接触到的人身上也学到了很多，现分享给大家，希望对大家也能有益处：不到满分就永不停止的进取，耐心细致从化学、生物题目中抽丝剥茧的稳重，纵然成绩优秀更能深刻看出自己的种种劣势而自责的自律，待人真诚耐心听完别人每一句话热情而不浮躁的风度……同时，即便两年多几次与年级第一擦肩而过，也坚持第一目标的霸气。他们及在座的各位同学，我们都各有短长，在某一方面我们可能赶不上一些人的脚步，但是如我所信，每一个人生下来都会有所成就，清北注定是我们的，只是过程各异。

★高考动员

神话中，亚瑟王拔出石中剑之前就已经梦想成为王，他不是被选中的，而是自己戴上王冠，同样，你我也一定会圆满完成通往清北的既定目标。

距高考仅剩144天　值日班长：王赢锋

★回顾提醒

今日亮点：自习进入状态较快。上午两节自习中出入教室人数较少，大部分都在自己座位上。

今日不足：物理上课时氛围较差，有人没写每日一练等课下作业；语文周测考完后班内吵闹；老班让5点45分之前到，可今天却有一半没按时到。

又轮到了我当值日班长，在过去的一段时间里，一轮复习逐渐接近尾声，自己对高考的内容得到巩固，但同时，理综合卷的考试方式也让心态不佳的我有些吃亏，但不论怎么说，这段时间我的成长仍然清晰可见。

★高考动员

对于班级而言，这段时间我们有过辉煌的战绩，也有过七模、八模的失败与低谷，但我们676人绝不服输，在备考的路上仍在刻苦努力着。在老班的带领下，我们战胜了低错，确保了保分题不丢分，课堂氛围也出现好转，出现了老班所认同的争论之景；而就在昨天，我们也进一步明确了未来的方向，在后黑板上写下了自己向清北奋斗的路途，我们也在各种测试中不断磨砺自己。相信苦心人终有回报，九模一战我们一定会赢得漂亮。

距高考仅剩143天　值日班长：张洪璨

★回顾提醒

今日亮点：课堂紧张活泼，班级士气很高；语文重视程度上升。

今日不足：到位仍有不足，急需改进。

百余天转瞬即逝，不知大家是否有了高考临近的紧迫感，高三生活平淡与热血中不变的是永远的坚持。要记住：未来很美好，现实很残酷。经历了两次低谷的我们迫切需要一场华丽的胜利来证明自己。九模就在眼前，机会靠自己把握。没有任何借口，不成功就是实力不足，低错人人都有，有高有低的分数，一切根源在于自己。愿九模676王者归来、傲视群雄。

★高考动员

仰望星空，脚踏实地，有了自己的梦想，无论大小，不管远近，没有坚持不懈的努力，一切终是镜花水月。只有干出来的辉煌，没有说出来的巅峰。北大很美好，清华也很美好，它们各有千秋，但都值得我们去奋斗，去为之奉献无限美好的青春。每个人都是独一无二的，本无优劣之别，何来高下之分？只要有精神、有气魄、肯实干，6月高考你就是王。愿大家都能高考无悔、青春无悔。

距高考仅剩142天 值日班长：孙一婷

★回顾提醒

今日亮点：周测为我们指出了过去一周的优势和方法，着力提升，为备考指明方向；到位明显提升，进入状态较快；课间比以往安静，学习氛围更加浓厚。

今日不足：午休到位差距大，有六七分钟的差距；不够自律，如果老师来得晚，进入状态就慢，比如英语课。

阳光终于驱散了阴霾，天空又变得清澈明亮，过去的这三个月是我心灵的一次升华。随着高三复习深入，同学间差距越发缩小，高三竞争残酷性越发清晰，也许上一秒你还能在神坛，下一秒就变成千军万马行进途中的一具尸体。经过了成绩的连续退步、内心的焦虑不安、做梦总也控制不了的情绪波动起伏，我也更明白了高三的意义，并不是到得最早、走得最晚、做题最多、身心俱疲，而是一个字——“静”。平静面对失败和漏洞，安静对待课间与自习，才会达到前所未有的高度。

★高考动员

我们都是抱着跣足苦行的宏愿，在征途上踽踽独行，所谓“困者难也”，但却深觉万难之下的渺小与决绝。我喜欢这种大无畏的革命精神，尽管知道前途艰险，也要一往无前。

距高考仅剩141天 值日班长：董博迪

★回顾提醒

今日亮点：课堂比较活跃，课间问问题的人很多；到位比之前早。

今日不足：昨天物理课前出去的人比较多；数学低错有点儿多，老师怀疑有人抄作业。

最近我的生活比较混乱，事后来看，其实我就是向困难与挫折低头了——

不理想的成绩也好，总也写不完的作业也罢，我必须承认，我屈服了。但是，我不能这么继续下去，我最恨的就是自己的无能，我恨那个上课无法集中注意力的自己，我恨那个交不上作业的自己，我恨那个辜负父母、老师期望的自己，我恨那个态度消极的自己，所以，我不能再坐以待毙，我要站起来，我要去面对这一切，我要去改变这一切。我知道我将面对的困难只会比想象中更大，但我不会停下向前的脚步。我已经输过，所以，我不惧将来。有些时候，我不知道自己的选择是对是错，我也不想伤害自己身边的人，但我没有回头路，决定了，我就必须坚定地走下去。

★高考动员

676已经经历两次低谷了，相信同学们一定心有不甘，一定会为班级的暂时落后内心焦虑，老师们更是如此。你们可曾知道老班5点起床而晚11点未眠的辛苦，可曾了解语文老师激情背后的坚守，可还记得英语老师着急到无法控制自己的情绪，可曾注意分析理综成绩那天物理老师紧皱的眉头，可曾体会到化学老师病中的坚守，还有生物老师的正能量。其实，无论经历什么，都是世界给676最好的礼物，我们还在努力，676的辉煌也必是指日可待！我相信，676九模必胜！

距高考仅剩140天　值日班长：刘偌璇

★回顾提醒

今日亮点：课间安静了许多，许多同学能充分利用课间时间。

今日不足：昨天晚上理综测试后比较混乱，久久不能进入状态。

可能人生就是充斥着无数的错过。上一轮值勤时因为某些原因将我跳过去，这一次又因卓越班开会班里只剩寥寥几人，我没有办法将我的所念、所想当众念出来给大家听，却也因此获得了一份写这篇总结的随意与自然。

高三这条路，我走得磕磕绊绊，我仿佛变成了学习走路的孩子，却少了当初的无畏与年少轻狂，逐渐我发现，我变成了别里科夫一样的“装在套子里的人”。面对不愿面对的现实，我以为我不听、不看、不想面对，那些事情就可以不存在，鲁迅也说过，“悲剧是将人生的有价值的东西毁灭给人看”，可能过程越是痛苦，最后的结果便会越有意义。我想无论是个人还是班级的低谷，都必须敢于面对、勇于承受，最后才会有所成长。

我曾说过，我的信仰是让这个世界因为有了我而有一点点儿不一样，而我的世界就是生命中遇到的最好的你们。我只希望不论我们以何种身份遇见、以何种方式同行，在彼此的世界里，都不仅是一个匆匆过客，这便是我的信仰。在高三这段奋斗的日子里与你们相伴，幸甚至哉，此乐何极！

★高考动员

祝班级九模必胜，我不想说什么王者归来，因为我们一直都是王者！

距高考仅剩139天　值日班长：杨欣洁

★回顾提醒

今日亮点：到位普遍较早。

今日不足：课间人少，课上气氛活跃度不够。

时光如白驹过隙，将大半的高三时光自然吞噬，而我却已经让情绪携了一轮复习。懦弱也好，敏感也罢，我在百转千回的日子里乘坐过山车，有着盘古开天辟地般清明与混乱的陡转，会因一句话、一个词甚至一段音乐而毁掉努力营造的平静，亦会在午夜梦回思忖李先辉校长说的“没有最差，只有更差”。我多么希望能回到曾经的无畏与粗线条，关闭感知外界的毛孔，少些可笑的自我觉醒，这大抵是众人所评价我的“杂事多”吧。

产生了太多思考，也难以理顺混乱的世界，只能用言不及义的话来评价惨淡的生活。感知与反思的门一旦打开，于我而言便是剪不断理还乱，不如索性不思、不感、不言、无情，该干什么干什么，放空一切，变复杂为简单。我相信，只要不断追逐，未来一定美好，而现在，我只想站起来。

我深沉地爱着676，虽然我并没有为它做出应有的贡献，但我感谢在奋斗的日子遇见了以各种方式触动我心灵的每一个你，我希望你们每一个人都能在不甘与狂躁中得到菩提树下佛的庇护，将灵魂升华到平静，修炼到宁静。学习和努力关乎信仰，却不应太多与成绩这个单纯的结果相连。

★高考动员

前路漫漫，其修远兮，676人的灵魂蓄势待发，676的荣耀盛开在触手可及的彼岸。

距高考仅剩138天　值日班长：许家欣

★回顾提醒

今日亮点：课堂比较积极，课间出去的人比较少，到位有明显进步。

今日不足：时间分配不合理，导致一些任务不能及时完成。

从曾经在这个本上记录自己初入高三的改变，到如今写下高三200多天的所念所想，我们不得不承认，拼搏的日子总是很快。曾经以为两个半小时很长，到现在却连一套理综卷子都不能保质保量地完成。高三就是将自己逼入绝境，然后将这三年在那一天中爆发，而这种绝境我们必须面对。

于我个人而言，上次考试的落败，让我明白哪怕是一时的懈怠，你也终究会为此埋单。更让我认识到学习是自己的，考好考坏，在外人眼中只是一个结果，不痛不痒，这很现实，但自己却要争气，不为别人，仅仅为自己。这是学习真正的，更是持久的动力。

高考，更是如此。

★高考动员

不要想着自己考不好别人会怎样看，更不要为了虚荣努力，要为自己去发现问题，为自己的未来奠基。

距高考仅剩137天　值日班长：杨洋

★回顾提醒

今日亮点：到位较早，课间的人相对集中在班级里。

今日不足：低效环节较多，交卷后议论比较频繁，早读没有完全发挥出气势。

不知不觉在高三班度过了大半时间，追逐数学和理综满分的脚步，在这里遇到无边断崖。在这里，真切感受到了语文近半年来毫无起色的尴尬，而我却在不断地奋起和勃发中一点点儿向前；真切感受到了英语一半人上 130 分，而我仍在 120 分的无力却又在无力中积蓄力量；真切感受到了答案就在眼前，而我却一次次低错如捅刀的疼痛却又在一次次受伤中拿起反击之刃。虽然我们殊途，但我们终究同归！

在这里，我明白了偏科生考不进班级前列，明白了再活跃的人也有沉心学习的一面，明白了反思和动员的重要性，更明白了早到位、改低错、救偏科对一个人的必要性。高三之路，就是这样一条从徘徊到坚定，从不安到淡定的蜕变之路，这是我们唯一要走的路！

★高考动员

不管明天有多么美好，仍是新的一天。把握好今天，今天脚下是新的起点，我们已做好准备！

距高考仅剩136天　值日班长：方伟

★回顾提醒

今日亮点：自习课进入状态较快，课间较安静，考后浮躁现象减少许多。

今日不足：自习效率、正答率还有待提高，有些同学仍未从放假状态中苏醒。

经历了连续两次考试的低谷，我已无路可退，现在只想奋起直追。被人甩在后面的感觉很不爽，但有些结果都是自己“作”出来的。但我知道，未来并不迷茫，它就在伸手可及之处，只要我想，我就能够到。100 天，不算太早，不算太晚，刚好点燃我足够的激情，让我去学习、去领悟未知的一切。

★高考动员

趁未来未来，趁现在不晚。待指尖划过拼搏 6 月，再来说烟云流长。

距高考仅剩135天　值日班长：王岩

★回顾提醒

今日亮点：课间利用率高，没人敢抬头。

今日不足：存在作业完不成和“耍流氓”现象，比如英语自助。

阳光格外温暖，同学们的备考热情也随之升温。这一天里，我也经历了许多事情，想通了许多事情。当昨晚近在咫尺的宿舍大门将我无情地隔绝在外，我莫名地联想到了高考与自主招生的关系。如果将遥远的男生宿舍比喻为高考裸分，那么女生宿舍就代表自主招生，一旦你进入了自主招生的圈子，你就会离高考更近，离清北更近。看着别人匆忙慌张地飞奔至男生宿舍还不能保证不迟归，你便可以更加淡定。你可以选择漫步至女生宿舍，也可以选择坚持学习到最后一刻，只需小跑两步便可安全抵达。不过，想要通过女生宿舍来实现清北梦也不是那么容易的，毕竟不是什么人都能冲进女生宿舍。因此，我们要抓住九模，高效利用这最后一天，一定要冲进女生宿舍。各位战友，让我们携起手来，一起攻破女生宿舍的大门吧！

★高考动员

在《秒速五厘米》中，贵树对明里说：到那时，我与周围的距离以及与明里的距离一定会变得更加合适，今后我们一定会更加努力，也会得到更多的自由。

同学们，高考只是一个过程，而且这个世界其实并没有你想象的那么在乎你，为了避免成为异类，我们还是好好学习吧，至于结果如何，顺其自然就好。

距高考仅剩134天　值日班长：苗成林

★回顾提醒

行百里者半九十，刚刚考过的语文、数学不过是我们的热身战。尽快忘记刚刚的成与败、得与失，忘我投入下午的两科，我们就抓住了余下的90%。

于我个人而言，经过10.5次高三模考的洗礼，我明白了决定个人成败的重要因素之一便是危机意识，这或许就是许多人成绩时好时坏的原因，考好了就以为可以高枕无忧，考差了才知道谨慎小心、端正态度，所以这两科考好、考坏都不应该再多回头一次、多犹豫一秒，因为那已经成为一个代表过去的数字。

追梦者不会沉溺于花言巧语，而我们又有多少人用语言为自己编织了一张网。不要忘记你是为什么来到这里的，考完下午的四个半小时，别人又是全新的别人，而你，是不是还是原来那个上课走思、下课闲聊、自习抄卡、跑操晚到、糊弄老师的那个你？九模考试在给你一个特别好的名次的同时，也给了你一次更加放纵自己的机会，考完了更放松，更不想学习，更没有目标。你或许会说，我不会的，但四个半小时以后你才发现懒惰的驱使会有多强烈。

★高考动员

同学们，我们现在之所以垂头丧气，正是因为这十几天我们的行为配不上我们的目标，配不上我们的理想大学。不要做待宰的羔羊，我们必须有足够的危机，如果你已经做好了拼命干一场的准备，那么请带好尊严上阵。

距高考仅剩133天　值日班长：徐海涛

★回顾提醒

今日亮点：课间不似最初的嘈杂。

今日不足：出入的人流较大，考后比较浮躁。

兜兜转转，星移物换。倒计时牌上的数字不断地减小，本子又轮到我手上，依旧清晰地记得上次写完后便实现了突破，不知这次是否依旧如此。希望如此。

整日无尽的刷题冲淡了最初的激情，持续不断地匆忙冲淡了最初的淡定从容。高三，似乎一切都那么快，慢性子的我无所适从，时间的冲刷甚至冲淡了我的时间感，但高考迫在眉睫，我必须也正在做出改变，或许收效甚微，但我相信在不断地付出下，会达到满意的结果。

★高考动员

九模落幕，不管结果如何，它已然成为过去式，反思低错，总结盲点，才是当下最重要的事情。不要忘记两周之后的“真期末”，它将直接决定过年亲戚相聚时父母的心情。这一站到下一站的旅途总是停不下来，既然时间可以冲淡一切，就让它冲淡抱怨、冲淡应付，在去往下一站的旅途中走得更潇洒自在。

距高考仅剩132天　值日班长：王海阔

★回顾提醒

今日亮点：课间安静。

今日不足：早操到位太慢。

九模考试已经落幕，新的征程已然开启。昨日的喜悦，是今日完美开始的伴侣；昨日的伤痛，是对前行的激励。抓住当下，抓住备考路上的点点滴滴，成就自我，完美高考。

今日成绩已揭晓，成绩分析也公布了，十模目标也已确定，崛起的676继续保持自己的初心整装待发。班级在上一轮的备考中所做的努力，终于得到了回报。对我来说，九模又让我陷入了低谷。

★高考动员

是在考后的情绪中生存下来，还是在自我否定中毁灭？是在每日繁多的作业中有计划地生存，还是在题海的冲击下毁灭？这是个问题。考试于我们而言，它不是一个情绪的转化器，不该将考前的浮躁转化为考后的伤痛。其实每一次考试都是为了高考奠基，每次考试都是在原有的基础上画一个0，在一次次画0的过程中，赋予了每一个0独有的意义。

距高考仅剩131天　值日班长：李东润

★回顾提醒

愈加寒冷的冬日里，我们迎来了一次日暖。纵使这热度不足以使对手融化、蒸发，但却给了我们春天的心情与暖意。请注意保暖！

考试与放假，可谓衡中两大盛事。高三以来，我们沉溺于考后放假的浮躁与狂欢中，难得一次九模，让我体验了一把高二的感觉；在考后与假前的双重浮躁中假装镇定，可惜“锦城虽云乐，不如早还家”，十几小时稍纵即逝。

★高考动员

高考尚未到来，同志仍须努力！

距高考仅剩130天　值日班长：王润一

★回顾提醒

今日亮点：很多同学放假返校较早。

今日不足：少部分同学放假前略显浮躁，返校较晚。

寒冬时节的又一场飞雪，伴我们走出校门又走回校园，雪花纷扬间，高考又近了一步。

看窗外，已是银装素裹。记得刚到676时，窗外高悬的是一颗骄阳，而如今已是北风割面、万树梨花开。的确，时间在行走，一刻也不曾停留，它带走了古巴比伦的繁盛，带走了通天塔的执念，更带走了千千万万人的生命，现在它正带走我们的青春。我们应当有所行动，因它不曾带走故园与紫禁城，更不曾带走我们的梦。青春正当时，我们尚把握着无限可能。

看未来，想入非非。或许你渴望的是独尊称霸，或许你追求的是细细品茶，或许你向往的是金戈铁马，或许你倾心的是细水杨花。无论你憧憬何方，在这唯一的备考年华里，都值得为之一搏。

★高考动员

凛冬正逝，不禁反思，从一个夏天到一个秋天，我们做了些什么？从一个冬天又到一个夏天我们还能做些什么？或许前者已不重要，但后者更值得我们扪心自问、风雨兼程。

距高考仅剩129天　值日班长：郑文浩

★回顾提醒

今日亮点：考后较为安静，同学到位早。

今日不足：课堂气氛不活跃。

★高考动员

我们，独立于天地之间，我们活的世界就是我的世界。无论身处何种位置，无论受尽何种屈辱，都要坚信我们的人生是最精彩的人生。海贼的精神鼓舞我们追逐梦想，复仇者的精神鼓舞我们敢于向任何人挑战。100天，追求梦想，创造奇迹，我们就是奇迹之王。

距高考仅剩128天　值日班长：薛峰

★回顾提醒

今日亮点：上课氛围活跃。

今日不足：到位有待提高。

200天埋头苦学的日子过去，我们已然登上通向清华、北大的关键平台。回想上次总结时，676正沉迷于系列第三、B部第一的辉煌，没有意识到自己的脚步早已游离。虽然我们又回到了当时的起点，但我们清楚，这远非我们想要的。与其盲目轻懈而被挤下自己的位置，不如做一匹头狼，凶狠地将猎物吞下。

★高考动员

每个人都要努力向高考迈进。当我们可以骄傲地宣称5000多人的年级里没有第二个人和自己分数相同、名次相同，这便是成功。

距高考仅剩127天　值日班长：董佳琦

★回顾提醒

今日亮点：课上呼应老师较好，交作业及时。

今日不足：课间不够安静，到位较慢。

教室后面黑板上的目标分组已重新洗牌，尽管博雅已过，可我们每个人都没有放弃。在备考路上平凡的每一天，我们都在为最终的胜利而奋斗着。和班级成绩一样，每个人的个人成绩也在波动着。我们经历了11次模拟考试，或许已经学会了在短暂感慨过后恢复平静，但我们并非不在乎，只是知道每一分钟都不该为过去浪费，希望在下一次能崛起。

★高考动员

676的每个人都在追梦的路上奔跑着，我们坚信念念不忘必有回响，夏天的桂冠一定属于我们。

高考前4个月

距高考仅剩125天　值日班长：卢天杨

★回顾提醒

大道有如青天兮，奈何我独不得出。失意困顿人常事，何须戚戚自缧绁。

★高考动员

吾闻人间有味是清欢，亦见寒窗清苦似饴甜。文正公言不以物喜变己悲，王勃叹曰岂效阮籍穷途哭！诗鬼曾咏少年心事当拿云，文天祥歌吾养正气塞苍天。问君可有感，积牍如鸡肋，弃之又不甘；学案味同蜡，札记似雪白。楚狂接舆道，已往不可谏。愿君自此始，来者犹可追。吾曹为一大事来，成一大事衣锦还。

待到来日夺魁时，琼林宴上风流笑当年。

拙词抛砖，诸君共勉。

距高考仅剩123天　值日班长：董丽妍

★回顾提醒

今日亮点：开完班会后气氛很好。

今日不足：逢周日浮躁，课间坐不住。

时间过得真快，不愿面对那串数字，不想让青春就这样溜走，也不想与可爱的同学、老师、高三生活说再见。少了曾经自由挥霍散漫的日子，多了几分平和稳重，或许这并不是我的天性（生性爱自由），但这却是我最应该做的，也是我需要掌握的技能，不适合干什么的时候就不干什么，其他的以后再说吧！

每一天都应该让自己过得尽量充实，想想自己想过的生活、想去的地方、想遇见的人，一切都很好，但前提是你要有资本啊。哭过、笑过、感慨过，还是要向着目标前进。

我想去看挪威的极光、乞力马扎罗的雪，我更想去未名湖畔。

★高考动员

来到衡中是一个美丽的开始，说真的，不管私下里是否吐槽过它，终究还是要感谢它的，慢慢地你就知道了。

距高考仅剩122天　值日班长：李越晴

★回顾提醒

今日亮点：导数课间讨论声此起彼伏。

今日不足：课间进入状态极慢，收发理综答题卡十分混乱。

时光飞逝，仿佛上一次轮转还在昨日。期间，我们既有长期落后的低迷，也有奋斗一月的反超；既有繁重学业下的愁颜，也有那句“冲进女生宿舍”的玩笑之言。

十模在即，我们不必太过紧张；寒假在即，我们也不能过度放松。面对领军、博雅下的超大比重，我们这些心中有梦想、脚下有行动的人更应抓住这最后的三天半。记得《邪恶王冠》中有着代表“剥夺”“吸取”“结合”的三种药剂，我们面对知识，也应如此。

★高考动员

高三是一个不断忘却又重新记忆的过程，以期高考前的尽善尽美。稳中求进，或许才是自己的出路。每个人都有自己的路，每个人都有自己的精彩，不要等待，望你昂首阔步、一往无前。

距高考仅剩120天　值日班长：李雪晴

★回顾提醒

今日亮点：英语听力前到位较早。

今日不足：班级比较浮躁，作业完成度较低。

明天就是距清北最近的十模了，老班在考前班会上指出周日以来班级变得浮躁，我们不能把本属于我们的领军博雅拱手相让。还记得九模后的几天，德宸每天都要在课前夸我们的班级状态很好，所以我们是既有实力又有耐力的。抓住明天六节课，平和心态，稳中求快，让十模收入囊中。

★高考动员

转眼间80天过去了，这80天我收获了很多，从理综合卷后的双选全错再到选作没做再到能把理综做完，做题速度有了一定提升，但最近因为十模临近，有些紧张，希望班上和我一样较紧张的同学及时调整状态，决胜十模，76必胜！

距高考仅剩118天　值日班长：孙思远

★回顾提醒

今日亮点：集体活动秩序好；清北学子进班宣讲互动积极。

今日不足：考后浮躁较严重，数学课前有人小声说话，英语讲评需老师维持纪律。晚三上课3分钟后才安静。

腊月二十四，十模结束，高三上学期结束，即将迎来自主学习的时间，在学校一直想弥补的漏洞也有了可以自由支配的大量时间。弯道超车固然很好，但弯道翻车亦有可能。几个月前小假期的惨痛悲剧仍记忆犹新，不能再让悲剧重演，要利用好自主学习时间为百日冲刺备足弹药。

在未来的几天内，我有洗心革面、重新做人的决心，改变以前自主学习的懒散与被迫状态，抓住这个好机会。如果不能克制、约束自己，对自己不够狠，一定上不了满意的大学，就算侥幸考上理想大学，在未来的生活、工作之中也无法克制自己，干不成大事。

★高考动员

自我改变，从自主学习时期真正开始。

距高考仅剩107天　值日班长：马培轩

★回顾提醒

今日亮点：返校后同学们到位早，进入状态快，课间十分安静。

今日不足：假期作业完成不到位，有来了再补充的现象，气氛有些沉闷，男生宿舍的卫生做得不太好。

到校的第一个下午，怀着对学校生活的激动和对家的不舍，我们又一次回到了高考的主阵地上，但此时，我们更应该有的是满满的紧张感。只剩下107天我们就要真正地面对高考，时至今日，一轮结束，二轮起步，10天的充电假期也已经一去不复返，时间真的所剩无几，再也容不得任何假期后遗症的放松与懈怠。无论假期过得如何，当下最重要的任务是振作精神，准备好面对下学期紧张学习、生活的冲刺。

★高考动员

在高三紧张而充实的学习生活中，我深刻感受到时间的飞逝，如今再回望，暑假返校时的惴惴不安，200天、150天宣誓时的热血场面还十分清晰，我们已经做了这么多，怎么能在这里倒下！十模的刺眼数字让我们心怀负罪感，如今十一模在即，我们应做的就是认真对待每一场考试，打好高三下学期的开局战，冲刺百天，一展宏图！

距高考仅剩106天　值日班长：丁雨潇

★回顾提醒

“有些路啊，只能一个人走。”初听这句话的我还只是高一的小朋友，肆意地穿梭在不同的楼与会议室间。那时以为，班级走走停停，身边红帽常伴不变，而我已经独自走了200多天了，如今，仅余106天。

人们常说的那句“历史总是惊人的相似”，有时应验，有时也不尽然。

比如返校后的下午，再次有了一年多以前的不安和无所适从感，我渴望回归到一个温暖安全的栖息地，在晚三下课度过漫长的十多分钟后拔腿就跑，去拨打家的电话——电话线的那边传来了前几天一直熟悉的喧闹与电视的声音时，我忽然感觉到一种游离，让我想起那句“早期胚胎尚未与母体建立组织联系”，那感觉如此类似，一切都没有改变——于他们而言只是少了桌上我的碗筷，正月的欢乐、一年的聚会仍在继续，而这与我无关，即使是在寒假里。

今天十一模结束后，我终于全然泯去之前大大小小三十多次考后的浮躁，心如井水一般对了几科答案，然后以极沉静的态度去做新题——这在以前简直不敢想象。

★高考动员

有时徘徊止步不前，有时停下思考意义，都是因为我们还没有成为大人吧。成长的界限是什么？是 106 天吗，并不尽然，它仿佛一个既近又远的梦，掩盖着令人心跳的结果。

愿我们每个人，都能揭开它神秘的面纱。

距高考仅剩104天　值日班长：蔡梦璐

★回顾提醒

今日亮点：进班速度快。

今日不足：许多同学仍未进入状态，昏昏沉沉；作业完成率不高，物理课上站起来很多同学；课间吵闹。

不知不觉，本子已转过几轮，百日誓师将要到来，二轮复习正式开始。之前二百多天，有笑有泪，最后一个寒假已成过往，归来后考试怎样的结果都是自己努力的因果验证，无力追回的便不要再埋怨自己，放下假期的一切，正式开始新学期征程。

100 天的时间，不论往事如何，都还有奋起直追的机会。跨越万水千山离开家乡、家人，来这么远的地方求学为的不就是拼出个无悔的青春吗?

★高考动员

最近班里同学状态似乎还没恢复，颇像期末考前浪上天的态度，很糟糕。同学们，只有最后 100 天了！再这样下去，之后十次考试也别指望冲上顶峰，必须尽快找回当初的安静、沉稳、热情。

高考，676 必胜！

距高考仅剩103天　值日班长：韩双庆

★回顾提醒

今日亮点：中午12点35分还有24人。

今天又是没有跑操的一天，也是我提前起床的第二天，但几乎是和第二名一起到的，足见同学们的学习热情。通过今天查到位，我发现了一些平常看起来不用心的同学其实一直在默默努力。

经历数次考试的洗礼，我开始认识到高三应拥有的学习状态是冰与火的结合：有热情，又很踏实。相比刚入高三时满满不屑和无所事事，我惊诧于自己的变化。其实成长就是这样，和同学们一起，有时受到打击，有时一段时间消沉和烦躁，有时对自己的一切都产生怀疑，但看到别人在奔跑，自己也就绝不能原地踏步。

★高考动员

重温最初的梦想，即使身陷黑暗，也决不止步！

距高考仅剩102天　值日班长：张洪璨

★回顾提醒

今日亮点：12点35分后还有18人。

676班自成立以来经历了六次考试的洗礼，有成功有失败，起起伏伏间不变的是676人对成功的渴望和对梦想的追求。我们用到位为学习打基础，用状态为学习做保障，用梦想为学习指方向，即使假期、周末也从不懈怠。王者绝非偶然，只有坚持不懈地付出，才能有无悔的青春。

于我个人而言，升入高三以来，我有了更严格的要求、更专注的学习状态、更清晰高远的目标与源源不断的内驱力，即使有时迷茫疲惫也能在同学的带动下再次投入学习，而且高三给了我足够的自信，让我相信自己的梦想一定会实现，并甘愿为它付出。

★高考动员

心事浩茫连广宇，于无声处听惊雷。胸怀宽广，目光长远，让我们全身心投入学习，为未来的成功奠基！

距高考仅剩101天　值日班长：孙一婷

★回顾提醒

今日亮点：12点35分后还有13人。

离高考越来越近，676班也越发团结和紧张，这个班级让我感受到家的温暖，更让我明白高三不是地狱，而是通向梦想天堂的康庄大道。幸会，676班！

高三给了我笃定的决心和做好自己的淡定，不见了随声附和、人云亦云，不见了满腹牢骚、唉声叹气，不见了伤春悲秋、患得患失，取而代之的是一种紧张的充实。高二的颓废让我目睹了曾在一个水平线上的同学成了众人眼中的大Boss，而我沦为喽啰，但是既然他们可以，为什么我不行？占卜的智者告诉屈原，"智有所不明，数有所不逮，神有所不通。用君之心，行君之意"，即使千难万险，也不能停止追求。

★高考动员

高三生活很长也很短，我愿意不断改变，道阻且长，行则将至。

距高考仅剩100天　值日班长：王海阔

★回顾提醒

今日亮点：12点35分后还有20人。

回望风雨历程，我们已共同经历过大大小小考试的洗礼，有问鼎理实的无比喜悦，有暂时落后的奋起追赶。我们都在676——然而我们能为它付出些什么？

于我个人而言，高三对我来说是一次蜕变，注定是一次突破。我蜕去了松懈，抛却了顾虑，锻炼了坚强的内心。经过大大小小考试之后，我快速调整状态，提前进入新一轮备考之中，不再像一只小猫一样在暗处独自舔着自己的"伤口"。经过高三的苦战与拼搏，我相信我一定能够取得突破。

★高考动员

不管前途再怎样艰难险阻，让我们心向远方、砥砺前行。

距高考仅剩99天　值日班长：王赢锋

★回顾提醒

今日亮点：12 点 35 分后还有 18 人。

转眼间，高三的时间所余无几，在这期间，我们班经历了衰落与崛起，也共同分享了喜悦与忧伤。我们的状态也从高一、高二的自由散漫调整到了高三的紧张高效。但这还远远不够，为了高考，我们还应坚持不懈、不断向前。

★高考动员

高三前的这段日子更像是一种磨砺，其中经历了痛苦与挫折。如今走到这里，考试心态与技巧都得到了提升，学习能力也进一步得到了加强。高三剩余的时间说长也长说短也短，但不管怎样，我们都会以饱满的精神状态拼一个无悔的高三。

高考前3个月

距高考仅剩98天 值日班长：范媛媛

★回顾提醒

今日亮点：12点35分后还有13人。

从没有伞的孩子到发奋努力“做自己的伞”，从目标极不清晰到坚定清北的梦想，从之前学习是我的克星到快乐学习，为了自己的未来，为了未来过自己想要的生活，不求轰轰烈烈只求精致讲究的生活……加油吧！为自己，为那个未来无可替代的自己！

★高考动员

身处高三的我们，会有急躁与不安，会有失望与沮丧，但我想说：18岁，实现梦想太早，但正是适合做梦的年龄。摔倒虽然很痛，但正是摔倒100次也会爬起来的年龄，因为我们18岁，所以能把今天当作最后一天；因为是毛躁又容易受伤的年龄，所以注定要有比别人痛苦的经历。过了许多年之后，我们之所以能说高中阶段很幸福，就是因为有与你比肩奋斗的朋友——因为有你们，无论经历多大的磨难，也都能战胜。因为你是18岁啊！

距高考仅剩97天 值日班长：潘心怡

★回顾提醒

随着考试落下帷幕，新一轮的征程又即将开启。正是在这样无数次的考试与准备考试之中，我们每个人将身上的棱角磨得圆滑，变得强大，才会有最后高考考场上的淡定从容。作为高三生的我们，放假不意味着松懈，每一个人在假期结束后进入教室的那刻起就又重新投入了紧张高效的学习状态中，争先恐后地、充满斗志地、激情澎湃地，推着沉甸甸的青春巨轮无悔前行。相信在这样坚定的奋斗路上，你我携手共进，定能铸就属于676的高考辉煌。

于我而言，高三更像一个转折点。在这里，抛却了投机取巧和俗事杂念，有的只是“一分耕耘，一分收获”的金科玉律。它告诉我，停留过去没有任何意义，而从当下这一秒到高考战鼓擂响的那一刻，那就是我们拥有的现在，值得一切努力的现在！我学着心无旁骛，学着专注，学着热爱枯燥，即使一时心态不平衡，即使成绩暂时不尽如人意，但有同窗同读的大家一刻不停地奋斗，就能激起心中努力的斗志。

★高考动员

我们不知苦，不知累，只知道前方有漫天星光，然后低下头，向前走。

距高考仅剩96天　值日班长：苗成林

★回顾提醒

经过数次考试的沉淀，我们学会在成绩的大起大落前平心静气。我们的班级课堂氛围更活跃了，同学们之间互帮互助的合作小组也越来越多。

我自己学会了听课时专注认真，不再东张西望，也明白了严肃的态度对于做成一件事来说有多么重要。

★高考动员

让我们不留遗憾，将全部精力投入六科学习中，希望我们676人笑傲考场，来日重聚时，每个人脸上都是浓浓的笑意。

距高考仅剩95天　值日班长：张澳

★回顾提醒

从踏入冬三月后，理综合科，数学一周三测，等待我们的是一轮轮难以料想的压力。我很自豪676班迄今为止取得的所有辉煌与成功，也深深为身边的每一个战友的努力与执着感动着。梦在远方，路在脚下，676人为远方执着，为梦想拼搏，在汗水与泪水中播撒青春、收获成长。

相比于大家的坚定与勇敢，在距高考越来越近的时候，我发现自己已经没了退路，就在过去100多天的懈怠、懦弱、叛逆、找借口中，我离正常的学习的轨道越来越远。勇敢的人从来不为自己找借口，成功的道路很漫长而我必须立即前行，一刻不停。

★高考动员

执行力就是战斗力，做一个有心人，把手头的每一件事做到极致。漫漫长路，我们共同成长。

距高考仅剩94天　值日班长：多小川

★回顾提醒

时间过得真是太快了，高三的时间不知不觉地溜走，可我不为此惋惜，因为这流走的时光中，有你们，有676。高中我在4个班待过，一个普通班、三个实验班，两次B部、两次C部，我还是更喜欢今天的676，有种无法用言语表达的温馨。真的很感谢你们的陪伴！我相信，676一定会愈加辉煌。我祝福，676每个人都能实现自己的理想！

我从高二下学期还是四位数的排名一路走到现在，见证了自己的成长，也许这就是人们常说的“今后一回想起便会热泪盈眶的日子”。但我知道，实际上自己和那些大神的差距还很大，我不能松懈。

★高考动员

希望我们676人齐心努力，追求卓越，清华、北大同班。

距高考仅剩93天　值日班长：许家欣

★回顾提醒

今日亮点：班级的亮点在于同学们的到位普遍有所进步。

也许是昨天时间的紧迫，今天的任务显得有些忙乱，但忙乱不能等同于盲目，希望通过提高自习效率来掌握正常的学习节奏。考后不是我们松懈的借口，而是迎战新一轮挑战的开始。不要忘记昨日的铮铮誓言，因为我们每个人都在为676的荣誉而战。

高三于我是一种没有退路的压迫，也正是在这样的压迫下，让我选择接受与面对。我开始在繁多的任务下提高效率，在失败之后不找借口，因为没有人会愿意听你成绩冲不上去的理由。从一个不被老师记住的失败者走到今天，我庆幸曾经的坚持与付出，我也更期待未来我们一起拼搏的日子。现在的我其实还差很多，不过既然差得很远，就更应该努力追赶。

★高考动员

博观而约取，厚积而薄发，6月高考，676人志在必得！

距高考仅剩92天　值日班长：李尚宇

★回顾提醒

冬三月悄悄来临后，高考一点点儿向我们靠近。飞逝的时间，如黄金般宝贵的时间，在我们忙碌的学习身影中一点点消逝。为梦想拼搏的每一天都很充实，被学习填满的生活十分单纯，我们以一颗充满热情活力的心为未来积蓄力量，我们还有改变自己命运的机会。

★高考动员

高三是一场新的征程，从0开始重塑自己，一点点进步。比如，到位有明显进步（除了早晨），做题技巧、做题能力有一定提高，也没有严重偏科的状况。成绩波动较大是因为自制力不够强，需要继续努力。三百天如一日的潜心学习，才是战胜高考的王道。

距高考仅剩91天　值日班长：史文菲

★回顾提醒

距高考越来越近，能感受到我们班共同前行的一股强大的不可抗力。身在676，我感到很幸运，我们班有优秀的学习标杆，有许多勤奋赶超的黑马，更重要的是我们每个人都有一颗见贤思齐的上进心。我听到越来越多的声音，在课间纪律不好时给予提醒，我相信这个融洽、团结、上进的班集体一定能创造奇迹。

★自我总结

于我个人而言，我在老师和同学们的真诚提醒和帮助下，发现并逐步改正了很多问题，终于让过去成绩的虚假直破迷津，也感谢你们一直为了目标努力的执着和用心给我带来的震撼和启发。在676，我知道了面批的重要性，知道了跳步的危害，知道了一个人身上的细节会为周围的人带来多大的影响。

★高考动员

我们676人和而不同，我们的步伐共振出最强音！

距高考仅剩90天 值日班长：董佳琦

★回顾提醒

不知你是否还记得初入衡中时写下的理想大学，是否还记得每次班会时说出的高考目标，每次谈论时总有人会说“不想上清北”，但我想说，你不是不想上清北，你只是不想为之努力，只是担心说出目标后因没付出与之匹配的行动而导致的尴尬结果。如果你没有梦想，没有为梦想拼尽全力，将来的你，只能为别人的梦想打工——这也正是我升入高三以来最大的改变，从把清北看作遥不可及的梦到现在敢想敢追，虽然我仍然不如在座的大多数人成绩好，还有很多问题需要改正，但我依然坚定自己的目标，向梦想一步步迈进。

★高考动员

即使不刨除节假日，我们也没有几个周末可以为高考奋斗了，因此，进入倒计时，周末不再是放松，而是弥补一周以来的漏洞和理清思路、弯道超车的绝佳时机。当你松懈时，请提醒自己，别人还在努力；当你疲惫时，请鼓励自己，越努力越幸运。你的每一秒努力都在为高考铺路。

愿我们都能把学习当作一种渴求，将学习作为一项事业，超越巅峰，勇创唯一！加油！

愿我们都能坚守住自己的初心和梦想，逼自己优秀，然后骄傲地生活。

距高考仅剩89天 值日班长：徐海涛

★回顾提醒

每次距模考越来越近，班里的学习氛围就会越来越浓厚，课间老师周围永远是一群问问题的同学，班里也经常能看到相互探讨问题的人。虽然课间仍有闲聊的人，但大部分同学都在努力营造安静的学习氛围。相信我们的课间会越来越好。

★高考动员

我特别喜欢一句话，并一直以此作为自己的格言，那就是“物竞天择，适者生存”。这是我刚上初中时老班送给我们的第一句话。事实也确实如此，升入高三以来，有过恐慌与担忧，也有过不适应与彷徨，但兜兜转转过后，我也慢慢适应了高三的节奏，并实现了三次突破。虽然现在又退到了原点，但哪有一帆风顺的生活？

两次失利反而更让我看清自己、找准方向，后面的日子，我会和大家一样以饱满的激情去迎接每一天的晨光，去创造属于我们676的辉煌。

距高考仅剩88天　值日班长：刘颜滔

★回顾提醒

距模考的日子越近，时间的重要性不言而喻。从昨天查到位，我能感受到同学们是多么的紧迫。昨天中午我连鞋带都没系，飞奔出宿舍，结果到教室时班里已有4名同学。这值得我们学习。

★高考动员

升入高三，经历过辉煌，经历过低谷；有过欣喜，也有过迷茫。来自学习的压力让我褪去了浮躁与放纵，同学们努力拼搏的身影激励、鞭策着我。和你们比起来，我只是一个毫无优点的跋涉者，一个不曾经历风雨的幼稚小孩，但我会努力追赶，像奥德修斯一样，为了彼岸的钟声奋勇向前。

不忘初心，至死不渝，生如夏花般绚烂。

距高考仅剩87天　值日班长：穆静阁

★回顾提醒

步入高三以来，同学们很快适应了紧张的节奏，在每日高效课堂与自习中实现着令人惊叹的蜕变，逐渐成为初入衡中时我们仰望的学长学姐的样子。在日复一日地努力与拼搏中朝自己的理想进发，这就是衡中特有的传承与守正精神。

★高考动员

升入高三，不同于高一的怕人、怕事、怕交流，摒弃了高二的爱玩、爱闹、爱搞笑，我逐渐沉下心来思考学习，学会了享受孤独与疼痛。尽管与诸位“大神”仍有很大差距，但我一定会努力追赶，争取每一天都有进步。

距高考仅剩86天 值日班长：周怡宁

★回顾提醒

经历三次分班，我们这些人注定要一起携手走过艰难但充满乐趣与回味的高三。

★高考动员

6月高考后，愿我们676人以王者的姿态，实现梦想的喜悦，踏入各自的大学校门。我676必将称霸高考，不负韶华。

距高考仅剩85天 值日班长：董丽妍

★回顾提醒

高三本该是现在的样子，为梦想奋斗，每天忙碌而充实。最近明显地感受到大家的状态越来越好了，或许是每个人都感受到了高考一步步逼近的压力。

曾经的自己，不知天高地厚，不知人外有人，在本该奋斗的年纪选择了懒惰，每天的话题都是流行音乐、娱乐明星、网剧电影。前些日子，我有了很大进步，不懂的题一定要弄懂并且注重思考，课上听讲也比以前认真了。

★高考动员

看到同学们奔跑的身影，很晚才恋恋不舍地离开教室，内心十分感动并有所触动——这就是高三该有的状态，不是吗？我们每个人都应该为梦想而不懈努力。习近平总书记说的“心中有梦想，脚下有力量”就是这个意思。至少让这个班级，让这个社会因为有你而有那么一点点儿的不一样，你要彰显你的价值。

676的战友们，我们一起努力，高考我们定将称王。

距高考仅剩84天　值日班长：方伟

★回顾提醒

眨眼之间，高三将逝。在高三，每个人都展现出了不一样的风采，676每个小伙伴都在捍卫属于自己的那份骄傲。

刚入高三时的压力与紧迫已让我习以为常，成绩的不理想也狠狠地扇了我一个巴掌。我有时仍会迷茫，找不到方向，抑或是沮丧，看不到希望，可我知道，纵然前方路漫长，远处依旧有曙光。

一路上，所有的苦都要自己扛，看到差距，咬牙跟上，虽技不如人，幸来日方长，幸还有时间可以打拼那份属于自己的辉煌。

★高考动员

676的朋友们，让我们一起向前闯。待到金榜题名时，我们再来一起细说烟云流长。

距高考仅剩83天　值日班长：李幸洋

★回顾提醒

曾经，我觉得外界的传言都是假的，衡中哪有那么严苛？回想小学期以来的生活，我很笃定，那都是真的。然而，身在其中，不觉其中苦，只道是寻常。其实，我们每一个人都是特种兵，既然在学案、作业洗礼与各路报告会的突袭下坚持至此，未来的时间更没有理由停止战斗。

陈鸥说，梦想是注定孤独的旅行。我很庆幸，我并不孤独，因为我来到了衡中，遇见了很多同样追逐梦想的人，我也目睹了很多为梦想而疯狂的人。高三以来，我懂得了卫生、内务与成绩的相关性，数学成绩有了质的飞跃，也不再像高二时因对个别老师心存不满而影响具体科目的学习。如孟祥熙学长之言，只有对每一位老师都尊重，只有尊重每一位老师，认真听他们讲课，才能不偏科。我也意识到制约我的其实是不够专心，在李曼茜学姐“你只是不敢”的言语中明白所谓极限根本就是自我设限。

★高考动员

距高考越近，我们越要争分夺秒、惜时如金，676班高考必将称雄！今天，是今年第一次气温降到零下，但零下的低温不能冻结我们求知的热忱，希望下一次老铁再带实验班，他口中将不再是刘林峰、朱一墨，而是676班的我们中的每一位。我们，没有极限！

距高考仅剩81天 值日班长：田景昊

★回顾提醒

今日亮点：两节化学自习间的课间很安静，大家都专注于电压学的“瓦特魅力”中。

今日不足：晚三之前的课间很乱，经老师提醒后才安静下来。

相较前几日喧嚣的风儿，今日的阳光明媚无疑给所有人心头增加了一抹惬意，尽管没睡醒的我已经向他人确认了第一句誓词，但仍然张口就错，不过又何妨，这丝毫不影响676人的高涨士气。这个让我尴尬到无以复加的小插曲，只是我们起起伏伏的生活中无数段子的其中一个，但问题在于，我们是坦然笑之令其挥之而去，还是纠结万分担心自己形象尽毁，答案很明显。

明天又是例行“放风”的日子，想必大家内心都十分激动，但不要忘记这一天我们虽不必挑灯夜战、熬夜刷题，但也绝不能苦守屏幕，“两耳不闻机外事，一心只玩我手机”。适度的放松与过度的颓废仍是千差万别，后者带来的痛苦往往远大于那一时的快乐——这是我个人血的教训。

★高考动员

还请大家收拾心情与行囊，继续前行，因为我们比任何时候都更接近梦想。

距高考仅剩80天 值日班长：王奇、李明哲

★回顾提醒

今日不足：返校第一两天，状态整体下滑。理综周测结束后多人早退，下午到位较慢，周一早上宣誓时仅有三十几人到位，跑操口号仍须提升。

今日亮点：部分同学状态保持良好，未受假期影响。课间，特别是周一相对安静，课间利用率较高，出入少。

今天早晨去查到位，特意提早。我从空旷的楼道中跑出时，却发现楼中、楼外的人已不少了，“我要上清华、北大”的喊声也是此起彼伏。在这种情况下喊一声真的很爽，在衡中与这么一群有理想、有行动、有决心的人竞争是很幸运的。现在我们每个人都在为高考搏一把，因此我们不得不一直保持紧张的状态，直到高考结束。我不只一次地想，既然大家都如此努力，那最后成功的凭什么是我？我似乎没什么特别原因去成功啊。不过，我觉得做到个人的极致就好，不必去苛求最后一个离开教室，早走一会儿可能更早进入休息状态。做到极致，便无悔。

距高考仅剩79天　值日班长：孙一婷、韩双庆

★回顾提醒

今日不足：开大会回来之后的课间比较乱，其他课间仍然是出去一大群人。

今日亮点：课堂氛围很好，尤其是英语课上积极与老师互动；大会之后，同学们干劲很足。

天气虽冷，不过终究抵抗不了春天的到来。就像高三生活一样，我时常会觉得学习疲惫，甚至挣扎在放弃的边缘，但过了几个小时，整个人就又如打了鸡血一样兴致高昂，尽管还不能完全做到平心静气，但至少我在不断向这种境界努力。

★高考动员

越来越觉得高三如一场修行，是对身心、IQ、EQ的多重磨炼。

休对故人思故园，且将新火试新茶。未来79天，全力以赴！

距高考仅剩78天　值日班长：张洪璨、卢天杨

★回顾提醒

今日亮点：上课时各抒己见，氛围良好，思维紧跟老师，积极回应。

今日不足：理综交卷率很低；晚饭后及周二测后很久才安静下来，进入状态慢。

百日誓师已经过去二十多天，我们676是延续誓师时的志气与坚强，还是沉沦于整日的忙碌与迷茫？高考如同一场旷日持久的马拉松，唯有持久发力、永不懈怠才能笑到最后。功夫下在平时的坚持比高考昙花一现的灿烂更有意义，努力只有基于反思才不是无用功：今日有没有杂念闲思？今日有没有走神闲聊？听课是否有效？自习是否紧张？学习以得分为第一要义，以反思为制胜法宝，唯有日日勤恳方能不负明朝！

★高考动员

时光匆匆，上次考试过去不久，明天又是一次新的检验。

汪国真说：“世上有不绝的风景，我有不老的心情。”衡中有无尽的考试，我们有不馁的信心。

在一次次考试的洗礼中，希望我们不断向更高迈进。从现在起，将早读、课间用到极致，我们定将延续第一的辉煌！

距高考仅剩77天　值日班长：王海阔

★回顾提醒

今日亮点：理综与英语转换较快，同学们在对答案中反思问题。

今日不足：考试后收拾卷子太慢，且有人在收拾卷子时说话。

是在考后讲评中聚精会神、找寻得失中生存，还是在“考好得意，考差颓废”中毁灭？是在每天清晨早早宣誓中唤醒自我，还是延续一日的低迷？是每天整理好自己的课桌在拾起的改错本中捡分，还是放纵自己忽视一个个问题在等待中毁灭？生存还是毁灭，这对于高三的我们是一个大问题！

★高考动员

今天，一个阳光明媚的好天气，是与考后“如愿以偿”的好心情共舞还是抚慰你受伤的小心灵都无所谓，改编一下王蒙在《青春万岁》中表达：所有的日子都去吧，让考试成绩的沉重担子都离我而去；所有的日子都来吧，让接下来的奋斗与汗水做针与线，去编织下一次考试的梦想以及高考的梦想。

距高考仅剩76天　值日班长：王赢锋、王岩

★回顾提醒

今日亮点：理综、英语转换较快。

今日不足：英语作业完成情况不佳。

今天是676的本命日，也是十四模的第二天。这是一个长袖变短袖的季节，同学们的学习热情亦随着内心的躁动而升温，于重复近乎机械的备考应考中浮沉，每个人的心中多了一分坦然，少了一分慌张。高考如此，人生亦如此。面对人生的重要转折点，莫慌莫怕，莫骄莫躁，以一颗沉稳的心接受它、悦纳它，你会发现明天依旧美好。

★高考动员

望676的勇士们扬帆起航，沉心静气，夺魁6月，你，就是王者！

最后一句将《可惜没如果》的歌词送给每一个人：那么多如果，可能如果我，可惜没如果，只剩下结果……

距高考仅剩75天　值日班长：刘偌璇

★回顾提醒

今日亮点：同学们积极分析考试的得与失；没有明显迟到违纪行为。

今日不足：课堂不够积极认真，马虎大意。

三年时间转眼即将过去，真有些不敢相信。回首三载岁月，不禁百感交集，但更多的是惭愧。我没有达到自己设定的目标，离梦想似乎还很遥远，我不知道是自己天赋不足还是不够努力。

★高考动员

最后几十天了，不管结果怎样，我都要背水一战，做最后的努力。希望天道酬勤，所有付出终有回报。

距高考仅剩74天 值日班长：苗成林、郭昊明

★回顾提醒

今日亮点：课间更加安静，考后浮躁现象少了许多。

今日不足：体育活动课后到位太晚。

十四模刚刚过去，请问，除了自己的年级排名和总分，你还收获了什么？最近我们提出“智慧备考”，即只有发现考试中的增分点考试才是成功的。另外，“智慧备考”我认为主要是指两点：一是多重任务找出最重要的做。比如，最近最重要的是对考试的分析，以及数学讲座中“五个能力，两个意识”的体悟，大家认真总结了吗？二是走出舒适区，改正自己的学习坏习惯。比如，今天我就和老班谈了关于英语课我提问的很傻的问题。以后大家好好听英语课，就拿我当反面典型吧。

★高考动员

我希望我们都能从习惯上战胜自己。情感控制住了就是一时的痛苦，控制不住就是欠下了备考十二年的债，唯有忍今日之痛苦，来日我们才能成为周小川、郭小川一样响当当的名人。

距高考仅剩73天 值日班长：王润一

★回顾提醒

今日亮点：化学、数学自习课间起初非常安静。

今日不足：物理课和数学收作业后班内嘈杂。

★高考动员

流年似水，白驹不待，三载春秋，宛如弹指一挥间。一生仅有一次的高中生涯迫近终点，时间所剩无几，何必以卷掩面、怨天尤人，又何必想入非非、神游万千。我们的宿命，不是落榜后体验一把“江枫渔火对愁眠”，也不是夙夜哀叹命运的造次，终日把酒对月问苍天。我们也许一无所有，但手中紧握的是青春年华，何妨拨开雾霾重重，忘却歌舞蹁跹。拼出三生千年无怨无悔，学得金榜六月欢声笑言。“天生我材必有用”“我辈岂是蓬蒿人”。我们无须多言，只需毅

然向前。

距高考仅剩72.5天　值日班长：徐海涛

★回顾提醒

今日亮点：体检速度较快。

今日不足：生物课前有人起哄。

★高考动员

联考已过，考试放缓，你是否在备考中开始浮躁，又是否乱了节奏忘了改错？一周多的备考时间，公自的回归，我们没有理由搪塞，没写完作业更不是一种荣耀。72天，又少了一天，高考就是这样在不知不觉中悄然临近，或许你不曾察觉，但它却是事实。无论你有何看似要紧的事，有何无关紧要的小心思，都请你封存，待6月高考后再启封，静心备考是你目前唯一需要做的事情。红尘岁月中相逢便是有缘，何况相知相遇、相随相伴。你我相携，决战6月！

距高考仅剩72天　值日班长：董博迪

★回顾提醒

今日亮点：课堂氛围比较好。

今日不足：物理课进入状态较慢。

高考越来越近，备战高考的日子也在或喜或悲、或焦虑或平和中一点点儿被我们用尽，你是在一天天充实自己的知识宝库，还是沉浸在考后的情绪中无法自拔，抑或是在漫无方向的浮躁中虚度自己的青春？无论如何，我们都该长大了，该去为美好的未来奋斗，该去克制一些莫名的小情绪，该去面对那些拖了好久不愿解决的问题，该去承担起作为班级一分子、家庭一分子该承担的责任。高考路亦是人生路，在此过程中，我们要学着改变自己的坏毛病，比如拖拉，比如懒惰，比如胡思乱想；我们要学着让自己具有更好的人格，以书本中的伟人为榜样也好，向身边的老师、同学学习也罢。或许在这个意义上，高三不苦，该享受它才对。高考的成绩，终究只是一个冰冷的结果，我们更该重视在这个过程中收获了什么。

★高考动员

愿我们 676 班的每个人最后都说得出“不负高考”！

距高考仅剩71天　值日班长：邢宝超

★回顾提醒

今日亮点：课下氛围较好。

今日不足：数学课、物理课进入状态较慢。

★高考动员

100 天倒计时后，高考仿佛加快了步伐，或拥抱我们，或对我们拳脚相向。但我坚信，只要 71 天盯紧它，努力备考，它就不会寻衅滋事。老班前几天在开大会时也做了讲话，虽然是老生常谈的话题，但是仍然如绿茶一样沁人心脾。备战高考，就是要以老班 71 天高考备考思想为指导，学习贯彻老班的系列讲话精神，把搏战高考真正当成自己的使命。

距高考仅剩70天　值日班长：张天池、李尚宇

★回顾提醒

今日亮点：班级学习氛围较好。

今日不足：部分同学课间利用率有待提升。

★高考动员

今天又是平凡而充实的一天，为梦想奋斗的一天，改变命运的一天。

70 天倒计时，我们不免感到时间的紧迫，为了不让高考考场上的自己心虚，现在努力强大自己并不晚，要尽力找出并积极改正学习上的每一个不足、漏洞，切忌盲目学习。

正如清北宣讲时那位化奥大神所言，傻子也可以浪，但不是所有人都有努力拼搏一把的决心，自己的命运掌握在自己手中！

距高考仅剩69天　值日班长：李润华

★回顾提醒

今日亮点：化学两节课衔接得很好，班里很安静。

今日不足：午休后到位太慢。

今天距上次考试一周，距下次考试还有多长时间？现在似乎是人人想放松的尴尬时间，但看看倒计牌上69的数字你真的还敢松懈吗？

★高考动员

不要让一节节连排自习变成前期高效后期无效的毒药，不要让一堂堂看似简单、内容专深的课堂变成三心二意的虚假提升课程，不要让一个个看似短暂无比、无缝对接的课堂成为左顾右盼的时刻，要真正让自己充实高效地度过每一天，而不是在任务的裹挟下寸步不前。

正如那首歌中唱的，“要幸福自己去拿”，而于我们，要清北通知书，自己就要努力去拿。

距高考仅剩68天　值日班长：范媛媛

★回顾提醒

今日亮点：到位早。

今日不足：课堂小声说话者较多。

经历了前两天近30℃的异常高温后，现在我们再次感受到春寒料峭，不少同学又将短袖换成了长袖。放下那颗在春天躁动不安的心，带上一颗坚毅决绝的心负重前行，也许这本是高三应有的样子。一心只为一事，如同一场朝圣之旅，我们的人生可能再也没有如此一段刻骨铭心、如此特别的经历了，有什么理由不好好珍惜？

★高考动员

18岁的我们意气风发、砥砺前行。高三，是我676人的高三；高考，是我676人的高考；未来，是我676的未来。

高考前2个月

距高考仅剩67天　值日班长：郑文浩、蔡梦璐

★回顾提醒

今日亮点：课间十分安静。

今日不足：课上未完成作业的人较多。

十二年寒窗苦读，我们梦想的征程已开始驶上伟大航路的后半部分海域，谁将获得最后的胜利还未确定，我们所做的只是潜心修炼自己的霸气，见闻色霸气预知高考出题方向，武装色霸气轻松应对每场考试，霸王色霸气在高考考场上秒杀各类对手。希望在有生之年我能看到海贼王的结局，希望同学们都能考入理想大学！

高考倒计时的电量不足19%，充分利用最后的电量实现知识上、考试技巧上质的飞跃，解决问题什么时候都不算晚，即使在高考的前一晚才背会了知识点，考场上用到了也是赢家。相信老师的指导，以一人之力“对抗”高考出卷团队远不如与老师们“合作”专业。

★高考动员

祝同学们在理想的大学遇见理想的人！

距高考仅剩66天　值日班长：薛峰

★回顾提醒

今日亮点：中午到位普遍很早，没有周末的拖沓。

今日不足：周测收卷依然较慢。

十五模前最后的练兵已经落下帷幕，我们将要面对的是两周沉潜之后的新挑战。看着倒计时牌上日渐变化的数字，更觉时间的紧迫，我们的自习已然行将

告罄，调考更是屈指可数，我们仍有无数的问题亟待处理，无数的任务尚未完成。但纵使三连冠的梦想破碎，我们仍有机会缔造属于676的辉煌，我们每个人仍有机会进入前100名、前50名，都可以排在前列，就看我们的分数能否撑起自己梦想的重量。

★高考动员

伴随着幸运倒计时的拼搏，希望我们的分数终能称心如意。

距高考仅剩65.5天　值日班长：孙昕宇

★回顾提醒

今日亮点：数学课积极讨论问题和学习方法。

今日不足：理综完成情况不佳，仍存在大量低错，须主动提升自己。

转眼离高考仅有两个月的时间，扪心自问，高三历次模拟考试暴露出的问题我们是否已经解决？在大量的题海训练中我们是否已麻木？是否忘记反思总结的重要？被任务赶着跑的我们能否在明确自己的弱项后专项突破？

★高考动员

改变已迫在眉睫，一天当五天过听起来或许是天方夜谭，但若能明确自己要什么并向那个方向一直前行，未尝不是一种高效率的表现。相信，不忘梦想的我们可以在高考路上走得更坚定。

距高考仅剩65天　值日班长：潘心怡

★回顾提醒

今日亮点：宣誓时氛围比较好，课堂活跃。

今日不足：课前和自习前进入状态太慢，说话现象严重；课堂上有人起哄并和老师顶撞。

突然临近的夏天的温度某种意义上也是高考急促的脚步声，猝不及防的闷热，措手不及的浮躁。但高考是不会让你措手不及的，我们的每一天、每一课、每一张卷子、每一道题都为了65天后的那场战役积淀沉潜。你要记得那是你触手可及的梦，是你意气风发的壮志热血，是你不曾熄灭的星光，因此不要辜负坐在这里的每分每秒。

★高考动员

临近高考的脚步更要踌躇满志，认真地听好每一节课、做好每一道题、面对每一次考试，珍惜身边的师长、共同努力的同学，用感恩的心面对身边的一切，这是你最好的时光！

距高考仅剩64.5天　值日班长：王鼎生

★回顾提醒

今日亮点：课间探讨问题的同学较多。

今日不足：早上到位情况不佳，英语课进入状态太慢。

突如其来的一阵风顽强地阻击了滚滚热浪，甚至带来一丝寒意，原本浮躁的心也因此沉静下来。但是高考的步伐还是那样不疾不徐、步步紧逼。64.5 天之后的考试又将是一场风暴，最终你是高唱“一点浩然气，千里快哉风”，一日看尽长安花；还是哀叹“呜呼一歌兮歌已哀，悲风为我从天来”，独怆然而涕下，其实都取决于这最后的几十天。

周日的班会上，同学们都在畅想未来，不论是想进入经管行业日进斗金，还是想进入潘建伟团队做“量子巫师”，或是在有机合成领域实现突破，抑或是像霍金一般揭示时间的本质，都需要我们把握住当下的一点一滴，笃定地走下去。比如宣誓，只要每天坚持做，便可以有不一样的效果。

★高考动员

在这样一个大风天，希望每个同学都能“大鹏一日同风起，扶摇直上九万里”，向着你朝思暮想的大学奋进。最后，把大数学家希尔伯特的一句话送给大家：我们必须知道，我们必将知道！

距高考仅剩64天　值日班长：李幸洋

★回顾提醒

今日亮点：谈论问题氛围浓厚。

今日不足：中午到位较慢，宣誓时后排男生仅有1/3。

窗外的一场料峭春寒挡不住室内同学们谈论问题的热火朝天，短袖换长袖的我们按捺不住内心的躁动，却不改学习的激情。犹记得80天前站在讲台上宣示自己清北梦的各位，如今倒计时却流转至64天，这便是青春，用最好的年华，去奋斗，去奔跑，去面对，只为繁花落幕后一句恬然的“我与苍天，两不相欠”。回溯俯仰间已为陈迹的80天，我的最大改变是不再抱怨。

★高考动员

请看，得宸帅气，老铁英明，晓宁姐关怀入微，立娜姐雷厉风行，还有虽令人啼笑皆非却总是努力用心的晶晶姐、丹丹姐，她们为我们的青春无言地付出着，我们又有何理由抱怨？听老师的话，照老师的安排办，选择了太阳就不怕炙烤，选择了高考就要经得起考验。无杂念，心如止水；无畏惧，勇往直前。勇者，一马当先；王者，绝非偶然。愿高考过后的我们都能笑着说：“我与苍天，两不相欠。”

676头狼，高考，我们必称王！

距高考仅剩63.5天　值日班长：马培轩

★回顾提醒

今日亮点：数学课积极思考拓展思路，语文课发掘了小说答题的共同点。

今日不足：备考不沉静；物理课上浮躁多人接话，很杂乱。

身为高三备考生的我们，应当在大量的刷题战役和高密度的调考节奏中找到自己的增长点和兴奋点，怀着勇往直前的积极心态和厚积薄发的大局观念，在走向高考的路上磨炼自己。备战过程绝不能放松，我们还有下午数学的连排、理综测试，当然包括英语听力几个绝佳的增分点，要充分合理利用这些时机实现总分最高的目标，不可松懈。

★高考动员

看着高考倒计时牌上的数字一次次变化，内心十分感慨。当初我们选择为高考来到衡中奋斗之时，我们便走上了一条充满艰辛但注定不凡的人生道路，从高一、高二的不急不馁到高三的抢到位、拼状态，我们经历了很多，所以我们没有理由放弃。无论过去几届的成绩多么辉煌，如今是我们的时代，我们绝对可以再创新高度，让676的战绩挂在下一个“铁乱班”的墙上。我最喜欢的动漫中有这样一句话，“有话直说，这就是我的忍道”。是的，曾经的懒散、畏惧、不情愿，勇敢地说出，正视并消灭它们。奔跑吧，明天掌握在奋斗者的手中！

距高考仅剩63天　值日班长：穆静阁

★回顾提醒

今日亮点：英语听力到位有进步；自习课间较为安静、衔接较好。

今日不足：晚饭到位仍须提升。理综周三测后有放松浮躁现象，教室内乱。

明天即将十五模，无论你是战斗中永远捍卫年级前五十宝座的大神，还是对着自己多次成绩毫无起色、望分兴叹的追梦者，务必胆大心细、抓大放小，记住这只是在高考过程中一个小小节点，不必太过在意成绩排名。我们从来不是为了他人的喝彩声而活，也注定不会在无声中灰心失落，此时无休止的奋斗也不是为了将来能有一个向亲友吹嘘的历史，而是为了避免身陷人们口中常说的那句“如果当初”……

★高考动员

距高考仅剩63天了，63天无悔的付出，足够打造青春路上的独家记忆。所谓高考，就是以拼搏换你此生所愿。

愿十五模及高考676班所有战友们如愿以偿！

距高考仅剩62.5天　值日班长：李雪晴

★回顾提醒

今日亮点：上午考前、考中秩序很好，卫生一如既往地良好。

今日不足：早上到位有些慢。

不管你现在因为上午的语文、数学考试是欣喜还是悲哀，都请立即放平心态，全力备战下午的理综、英语，因为十五模是检测复习水平、考验心态的测试。现在调整好心态就是进步，就是为十五模提分。

你可以把考试当平时的周测、周中测轻松应对，也可以模拟高考提升应试技巧。

★高考动员

对于下午的考试，我有几点建议：英语，引用潘心怡的话“别把英语题想得那么复杂”；理综，合理安排时间，争取总分最高。别忘自带巧克力。

最后，希望676十五模和高考都能夺回理实第一的王座！

距高考仅剩62天　值日班长：董佳琦

★回顾提醒

十五模落幕，核对完答案，有人自称理综280分，有人心如刀割，但无论考得怎样，每个人都继续着前行的路。没有人再抱怨考后的周中测，而是抓紧时间进入状态，这便是进步。

★高考动员

随着高考的临近，时间更紧、卷子更多、压力更大是必然，与其恐惧担忧，不如付诸行动。在这个每个班80人有75人都把目标定为清华、北大的学校，没有人会怀疑你的梦想，只会有人嘲笑你与之不符的行动，所以，请让你的行动配得上你的野心，让结果对得起你承受的、放弃的和感到遗憾的一切。自己选择的路，跪着也要走完，更何况我们还拥有陪在身边的同学、老师，在背后默默关注的家长。相信，只要我们付出了、尽力了，结局不会遗憾。愿每个心怀远方奔跑在追梦路上的人，都能在6月唱响自己的青春之歌。

距高考仅剩61.5天　值日班长：李越

★回顾提醒

今日不足：考后浮躁，上午到位慢，物理作业上交不佳。

冲出宿舍，迎接我们的是料峭春寒；踏入教室，感受的是十五模考后的个人或甜蜜或辛酸。操前动员时白健老师对于某些同学嬉皮态度的呵斥，早饭后宣誓时不足20人的尴尬，应当拉起心中的警钟。

★高考动员

在衡中，上一次考试的结束永远是下一次考试的开始。不管是春风得意，还是悲风为我从天来，我们都应遵从班主任的教诲，在这倒春寒时压住心中考后与假期的双重浮躁，明白高考前的每一次考试都是为了高考努力，所以不必过度悲伤，我们心中只有下一次考试以及N次考试后的高考。愿我们每个人坚定内心、洗净杂念，为心中梦想而不谢奋斗。

距高考仅剩61天　值日班长：丁雨潇

★回顾提醒

今日亮点：数学周测到位较早，进入状态快。

今日不足：考后扔卷子使英语课出现小插曲，考完试应慎重扔卷子。

十五模最后的谜底已揭晓，无论是乍暖还寒时候的忽起忽落，还是一夜樱花绽放的动人景色；无论是全球复暖融化冰山，还是洋流涌动带去鱼群，他人的世界车水马龙抑或种种，我们都将坚定地走向它——高考，毫不彷徨。

★高考动员

愿676人，看淡过程中的小得失，抹去内心不成熟的自我怀疑，一纸分数并非定局，除了潜心备战十六模以外，泪水与浮躁都无意义。

天气会变暖的，日子也会变明媚的，无论是严冬还是初春，始终要坚信。

距高考仅剩60.5天　值日班长：董丽妍

★回顾提醒

今日亮点：课上积极思考，紧张高效。

今日不足：课间比较乱。

十五模，我们又是第一，这充分证明了我们的集体实力，但就个人而言，你考得不好不是世界末日，考得好也不是万事无忧，以后的路还需要不打折扣地坚持走下去。

★高考动员

如果你的成绩迟迟不见起色，痛哭之后请不要忘记你的初心，或许是你努力的方向有误，或许只是时候未到，不要为完成任务而学习，也不要把自己逼进死胡同。有人看起来漫不经心、行为随意，或许他对学习下的功夫更深，只是你不知道而已。有能力、有勇气来衡中的人都是不简单的。

简嫃说：“像每一滴酒回不到最初的葡萄，我回不了年少。”高考的脚步一天天临近，请珍惜指出你错误的人，珍惜与你同甘共苦的人！

距高考仅剩58.5天　值日班长：赵梦圆

★回顾提醒

今日亮点：同学们激情似火，围绕老师问问题的人增多，而且早操到位较早。

今日不足：开大会扰乱了原本的学习安排，由于没有及时调整，导致课堂进度慢。

距高考仅剩58.5天，昨天开大会的场景历历在目，系列第一的成绩让我们676人再次问鼎理实。“精准发力，高效备考”是高考决战总方针，更是我们不懈的追求。我很幸运，能在676这个大家庭里学习，和兄弟姐妹一起学、一起笑，一起在追梦的道路上跌跌撞撞。

于我而言，高三是一场修行，它让我认识到了自己的差距，将我的傲气磨平，将我的自信撕裂，它让我真切体悟到了“你不努力，没有人能给你想要的生活”这句话背后真切的含义。下半学期以来，成绩经历了前所未有的低谷，斗志消失殆尽，在一次次麻痹与自怜中苟延残喘，细细想来，我应该庆幸，更应该认真反思——幸好不是高考，幸好我还有机会，一切从头开始即刻出发，为了自己想要的生活，为了父母的殷切期望，无悔地搏一把。

★高考动员

大战在即，凝神聚气，高考注定是属于我们676人的辉煌时刻。

距高考仅剩58天　值日班长：张永赟

★回顾提醒

今日亮点：语文课上大家思维活跃、答题规范；数学课上紧跟老师，思路得以纠正。

今日不足：早预备到位慢，6点50分班级仍未安静。

时光流转，值日班长的大旗又传到我的手上了。

又是一载冬去春来，高考距我们只有58天，连两个月都不足了。王德宸老师说看到春天百花盛开、麦子长高让他感受到最后时刻即将到来的紧张。作为高三学子的你我，内心对即将到来的6月决战的紧张不应当更强烈吗？昨晚聆听了优秀学生和老师的指导，我心中有种莫然的惊慌。大战在即，我在理综上还有很多问题没有解决，数学低错还让我无法摆脱，与此同时，心里又多了几分明朗。相信大家的感受相同，在有限的调研考试和无限的练习中解决已有问题，巩固易错、易忘知识点才是再登高峰的王道。

★高考动员

高三让人改变很多：让人在失败中麻木，在低迷失落中苟延残喘，也会让人收获颇丰，在前路黑暗时仍旧决战到底。是骏马，你就驰骋草原；是雄鹰，你就翱翔蓝天。愿676人人不枉此行，在这没有硝烟的、用卷子铺就的赛道上策马扬鞭；愿676班在老师们和同学们的共同努力下，谱写“铁军”必胜的传奇。

距高考57.5天　值日班长：史文菲

★回顾提醒

今日亮点：虽然天气热但学科自习较为高效。

今日不足：英语自习前不安静，班长连续提醒后逐渐平息；中午到位较慢，听听力时有一半人迟到。

春种夏收，现在正是麦子生长最快的时节，也应是我们进步最快的时刻。还有57.5天高考，这是改变命运的时刻，对于距理想近在咫尺的人，应一如既往地高位突破，紧张中寻求从容平静；对于目标仍有一定差距的人，应解决问题，时刻进步，寻取更实际、有效的方法。量子的波动常让我感到，优秀的人比其他人多了清醒的认识，知道自己做一项任务的目的，和对每一项任务应该付出的精力和态度。王奇对弱科的侧重思考，孙一婷对知识体系的归类总结，孙昕宇对课本的有计划梳理，就是给所有人的范例。但学习无法，耳得之而为声，目遇之而成色，谁能在机会来临时抓住，把同学的建议和老师的指导严格落实好，谁才会取得实质的进步。

★高考动员

我们每天仍有做不完的任务，要找出专门时间去固强补弱实在困难，那么何不利用每一次作业、每一次测试把每天的任务变成自己磨刀的坚石？

“铁军”必胜，“铁军”的每个原子必胜！

距高考仅剩57天　值日班长：方伟

★回顾提醒

今日亮点：数学课同学们认真听讲，思考活跃，方法迭出；课间讨论问题者较多。

今日不足：到位可以再提升，作业完成率可以更高一些。

时光飞逝，华年流转，不知不觉我们已经度过高三下学期一半的日子了。不知你的语文是否有长进，数学是否已稳定，英语是否已拔尖，理综是否已均衡？在过去的三百多个日夜里，我们舍弃了很多暂时的快乐，无论是自愿还是被迫，但都是为了心中那个美好的未来而奋发前进。

★高考动员

既然百里路已行九十，那为何不把最后那十步走好呢？

“为你，千千万万遍。”为高考，为未来更加美好的自己，我们都应抓住这最后 57 天，固强补弱，谱写我们的青春史，奏响我们的传世乐章。

游人只识衡中甜 / 学子只知衡中严 / 蹉跎十八年 / 一朝题名前 / 桌边卷堆雪 / 眉间灰尘叠 / 莫笑落魄日 / 但等金榜时。

距高考仅剩56.5天　值日班长：贾涵茜

★回顾提醒

今日亮点：英语听力前到位有进步。

今日不足：所有课间基本都处在混乱状态，太浮躁。

距高考就剩56天了，我想从危机意识说起。《超级演说家》冠军刘媛媛的一段演讲词给我的振动很大，基本从初一开始一直刻在我的记忆里。刘媛媛说命运给你一个比别人低的起点，就是想告诉你，让你用自己的一生去奋斗出一个绝地反击的故事。这个故事，关于独立、关于梦想、关于勇气、关于坚韧。它不是一个水到渠成的童话，没有一点点儿人间疾苦；这个故事是，有志者事竟成，破釜沉舟，百二秦关终属楚；这个故事是，苦心人天不负，卧薪尝胆，三千越甲可吞吴。无论你现在是相对高起点还是低起点，山外有山，总有你攀不到的高度。至少，你不敢保证，把饿了三天的你和一头饿了三天的老虎放在一起，最终结果一定是你把老虎给吃了。我们现在面临的，就是高考这一只饥饿难耐的老虎，你要学习知识，就是为了有朝一日自己变得强大。清北离我们不远了，入了清北门就是清北人。

★高考动员

你永远套不准高考的路，勤勤恳恳、踏踏实实走过剩下的56.5天，绝地反击，高考才不会套住你的路。至于结果如何，全靠这56.5天的拼搏了。

距高考仅剩56天　值日班长：王诗雨

★回顾提醒

今日亮点：物理课上同学们紧跟老师，化学课上积极活跃。

今日不足：跑操加圈；生物课前进入状态慢，英语课状态不佳，作业完成情况不好。

今天距高考仅剩56天，是坐以待毙，还是立即用行动改变自己，全在我们自己。生物老师说677进步很大，但是“高仿”终究是“高仿”，唯有“原创”才是唯一，让“高仿”超过“原创”是一件丢人的事，所以我们要亮出自己的实力。

★高考动员

经历许多次绝望挣扎，许多次迷茫徘徊，我开始明白高考是一场心灵成熟的历程，改变自己，勇于面对，不再卑微，不再逃避，是我们每一个人走向成长的必修课，也是高考给予我们分数之外的礼物。

时间顺序而下，生活逆水行舟，让我们于风口浪尖攀登高峰。

距高考仅剩55.5天　值日班长：孙思远

★回顾提醒

今日亮点：下午到位较早，语文周中测进入状态快。

今日不足：生物自习前课间乱；领誓人精神不振，颓废萎靡，耽误时间。

王奇同学说“班级成绩与个人成绩并无多大关联”，诚如斯言，每年学校考入清北一百多名，多么令人震惊，我们感到骄傲，但又注定与我们中的一些人没有关系。还有56天高考，我们可以从分母变成分子，也可以从分子变成分母。能够成为起作用的数字而非被无限稀释，对我们来说就是这56天的头等大事。

★高考动员

放假期间我与爸爸聊天，我说“怎么不是一辈子，在一个二三线城市生活也挺好”，爸爸说“好是好，但人的价值是不一样的”。平时发霉的鸡汤从最熟悉的人嘴里说出，让我内心一震。人往高处走，水往低处流。

676的各位好汉，今日流泪流汗日后一定能在高层次、高位置发挥出自己的最大价值。

距高考仅剩55天　值日班长：张雅慧

★回顾提醒

今日亮点：数学课比前几天活跃；宣誓的声音很大，很有气势。

今日不足：存在学案完不成的情况。

到了100天之后，才真正领悟到什么是时光飞逝，似乎昨日初入高三仍历历在目，今日即奔赴高考考场。往者不可谏，来者犹可追。此时此刻，放下一切专注学习，高考不至，奋斗不止。

★高考动员

把握课上的每一分钟，吸收老师所讲的知识，放下固执己见的幼稚，将自己的思维与高考贴得再近些。

把握课间的每一分钟，哪怕是攻一道错题，重温一个知识点，做一个语文选择、一个英语阅读，积土成山，积水成渊。

把握每一秒钟，自习精细化，让自己保持每时每刻的专注高效。叶丽娟主任曾说："如果你处在所能达到的最佳状态，那么时间对你是无意义的。"虽然55天很短，但我相信，有限的时间能完成无限的任务，让自己有很大的飞跃，方能从容面对高考。

距高考仅剩54.5天　值日班长：郭维

★回顾提醒

今日亮点：数学周五测后教室内较以前安静。

今日不足：物理学案不少人未完成，英语课前进入状态慢。

今天下雨了，天空也一直阴沉沉的，但糟糕的天气并未阻挡676人奔向教室的步伐。今天是我来到这儿的第200天整，距高考仅剩54.5天。54.5天，1308个小时，很长，足够让你实现质的飞跃；54.5天，8周，很短，需要你全身心投入学习，不浪费一分一秒。

★高考动员

当下每一堂正课、每一节自习的专注都决定着你高考是否成功。诚如老班独特的守恒观认为的那样，现在付出的一切努力最终一定会在高考时给你回报。所以，676的战友们，不要再等待，不要再犹豫，让我们一起拼搏54.5天，一同书写676的传奇！

距高考仅剩54天　值日班长：李轩

★回顾提醒

今日亮点：数学课上大家思维活跃，一题多解，方法灵活。

今日不足：早操到位慢，士气欠缺；英语课嘈杂，需要强调纪律，物理课前安静不下来。

又见枝头吐新芽，又见庭树落飞花。

11 年看戏，等到成为戏中人时才能体味个中滋味，无论这出戏的听众是高朋满座还是门可罗雀，都和我们没关系，我们只需要将细节做到极致，有板有眼地谢幕，无悔台下十年默默功。

人生目标一旦确定，便如日月经天前行不辍，以“三军可夺帅也，匹夫不可夺志”的坚韧独守心中的理想与责任。余秋雨说过，行走在天地间，不知是人在天地间，还是天地在人中。其胸怀气魄之大令人折服。若以森罗万家、海纳百川的心态看待人生，54 天之后的高考也就不算什么，至少我们能做到以波澜不惊的态度去应对。

★高考动员

我个人觉得，班级优秀生的排名变动未尝不是一件好事，它代表你我都有潜力俯瞰众生；代表这个班级不是一潭死水，而是人人都铆足一股劲儿，稍不注意就会被人挤下去的活跃向上；代表着高考时你就是那匹黑马。

期待未名湖前、博雅塔下，你我再聚首，共饮一壶酒。

距高考仅剩53.5天　值日班长：杨朔

★回顾提醒

今日亮点：语文课紧跟老师，思考活跃。

今日不足：英语自习前久久不能安静下来，比较浮躁；领誓人不专注，领错誓词。

分享自己的一个感受。高一的时候，每当自己不好好学习但考试却比很多努力学习的人成绩高，内心就会有一点儿愧疚，觉得特别不舒服，好像欠那些好好学习的人一样。反观咱们班，虽然四连冠，但是不得不承认班里很多地方都比不过隔壁两个班，这很容易想到是因为咱们班同学脑子好使。所以我觉得我们还是应该突破超越自我，在到位、课间纪律和其他方面都超越其他班，靠勤奋努力去赚得一个更加货真价实的第一，这才是高三应该具有的精神状态。

★高考动员

我们应当有一个较高的目标追求，引用一句歌词：“上天他比天要高，下海他比海更大。”我们必须要有哪吒这种勇于追求、不服输的精神，积极上进。距高考还有53.5天，一切还有可能。

距高考仅剩53天　值日班长：代勇

★回顾提醒

今日亮点：早读认真，气氛好；看报告、视频时认真思考。

今日不足：语文周测后较乱，进入状态慢，班长多次强调纪律，仍不能安静。

今天我们观看了白涛教授的报告视频，看似简单的概率统计其中也有如此多的学问，这告诉我们人外有人天外有天，没有最好只有更好。面对高考，要以一种学无止境的态度、精益求精的精神，面对每一种题型、每一个知识点，要有攻坚克难的勇气和毅力，更要有正确的方法和技巧。高考其实没那么难也没那么简单，全力以赴不一定达成目标，而自留退路则一定不能实现理想。

★高考动员

时光飞逝。上一次听同一个人报告的场景仍记忆犹新，冬去春来，天气越来越热，高考越来越近。300天到53天，很长，足够一个人改变自己，脱胎换骨；300天到53天，很短，在日复一日地重复之中转眼即逝，而剩余的53天，也将是如此。其实时间是一样的，所谓快慢，只不过是个人感受，它一直都十分精准，不会因为我们的珍惜而变慢，也不会因为我们的期盼而变快，我们每个人，也应当怀有一种“不以物喜，不以己悲”的平和心态，已往不谏，不念过往，来昔可追，抓住当下。

愿我们每个人，在最好的年纪里，都能让自己的努力开花结果，取得最后的胜利。

高考676必胜！

距高考仅剩52.5天　值日班长：杜典

★回顾提醒

今日亮点：英语周测前在老师的提醒下状态较好；班会上尖子生提供了很多好的学习方法。

今日不足：中午到位晚。

今天的班会给了我们很多启发，无论是给知识建立框架，还是通过试错提高对易错点的敏感度，都是在告诉我们要有自己的学习方法，而不能盲目做题、浑噩度日。眼下我们手中资料之多，是高中三年前所未有的，但如何让它们发挥最大的作用不让自己淹死在题海里是我们应该思考的问题。其实学习并无捷径，即使是脑力王，其秘诀也只是好好听课，认真做作业。我们应静下心，一步一个脚印地前行。

★高考动员

祝同学们在高考中取得理想成绩。6月高考，676必胜！

距高考仅剩52天　值日班长：刘瀚文

★回顾提醒

今日亮点：课间许多同学思考或讨论问题，气氛良好。

今日不足：英语、物理课有说话现象。

十五模过去不久，十六模瞬间来临，时间过得飞快。联考之前自主提升的黄金时期大约20天，在这20天里若是再没有解决一轮、二轮被自己随手抛在一边的问题，那么在高考时感叹为时已晚。趁现在还来得及，我们能做的就是用沸腾的热血与深邃的智慧有目的、高效地度过每分每秒。

春天已接近尾声，麦苗生长的速度令人惊叹。熬过了冬日的沉潜，麦苗在初春初露锋芒，在暮春蓄势待发，正欲在盛夏里一鸣惊人。经过了冬三月，经过了百日誓师后50天百炼成钢的我们，是时候做出令自己满意的成绩了！

★高考动员

再拼50天，无悔青春，希望高考之后我们是仰天大笑的收割者，而非随风哀歌的野哭人。

距高考仅剩51天　值日班长：何晨旭

★回顾提醒

今日亮点：课堂氛围良好，语文课积极思考，英语课少了些浮躁。

今日不足：最近口号声不够响，早操到位差距太大。

又是一次大考，也许高三就是这样，失败由不得悲伤，成功也由不得喜悦，因为在高三的战场上，我们没有时间进行情感的宣泄。十六模即将来临，考前状态决定你考试成绩的5%，同学们一定要咬紧牙关，续写676第一的辉煌。

猛然抬头，数字已经变成“51”了，一次又一次地被时光的疾驰震惊到。十二年寒窗，眼下的日子以年来计不过只剩下七分之一年了，如果以小时计也不过1200小时了，其中可用于学习的时间又要打折减半，现在的你，还有多少问题没有解决？虽说高三是心态的较量，但背着一筐问题上战场的人如何能保持一个完美的心态呢？不过是自欺欺人罢了。记住，实力才是你好心态的前提，才是你挤进清北门的制胜法宝。50天，正如王奇所说，提高50分，也并非不可能，但你要选择相信，相信自己就是个奇迹。

★高考动员

无论你是遥遥领先，还是暂时落后，都要有一切不成定局的心态，成绩好的同学可否为676在高考中拿下河北省理科状元，成绩不太好的同学能否咬一咬牙，给自己打一场漂亮的翻身仗？进入清北大门，全在这最后的几十天。很欣赏曾经一位队友的座右铭：“在到达终点之前，一切在我前面的人都只能称作暂时领先。”如果自己选择怀疑，不战自败；如果自己选择相信，你就是未来的第一。最后，以一句话与君共勉：如果不是我，那又该是谁？如果不是现在，那又该是何时？

距高考仅剩50.5天　值日班长：周怡宁

★回顾提醒

今日亮点：下午到位较早，课间较有序，备考热情高涨。

今日不足：物理课有人接话茬。

记得上次这个本子轮到我手里也是调研考试前夕，看似重复而枯燥的生活好像冲淡了记忆，却冲不淡骄阳似火的热情。

我曾情绪崩溃我妈喊“高三对我好像一场噩梦”，也曾凭着倔强与轻狂咬牙前行，走了三百多天后仿佛突然走向柳暗花明，走出了围住我的小格局。或许高三对于每个人而言都是一曲悲喜交加的交响乐，放在漫长的人生里它转瞬即逝，但现在这就是我们的全部。风云榜上的人物每次都有全新面孔，班主任也曾说三轮复习才是我们进步最快的时候。

也曾怀疑是否真有一种玄妙的力量注定了人各有命，却在日益减小的倒计时前重新燃起改变命运的渴望，剩下的50.5天每天都是新的开始，每个人都有无限可能。

★高考动员

愿我们回首高考，都能如释重负地说一句：此生不负少年狂！

距高考仅剩49天　值日班长：刘昕晓萌

★回顾提醒

今日亮点：同学们积极讨论，解决考试中的问题。

今日不足：考后不够沉静。

我们恰如漫漫长夜中的行路人，手中的火种不知不觉掉落在身后，迈出一步，可能陷入泥泞中，可能跌倒在路旁，但一路向前的人不会选择回头，因为长夜不眠的火种在一天天的炙烤中终将成为燃烧岁月的火把。

这三年对于很多人有太多意义。曾经，我们锋芒毕露，我们俯视，我们轻狂。今天，我们怀天地注目丘壑，我们立千秋无语斜阳，我们铸造自己的梦想，我们完善自己的人格。不曾历经沧桑，又怎样迎来辉煌？

★高考动员

正如世上的伟人寥寥可数，我们只能用积极的心态去赌一场不确定的辉煌。

但是没有什么能够限制我们的人生。用青春书写真情，因为我们足够年轻！

距高考仅剩48.5天 值日班长：郭朝阳

★回顾提醒

今日亮点：心理课上收获了很多，面对高考又收获了一份坦然。

今日不足：课间操班内多人滞留。

又是一个成绩揭晓的日子，有摘得桂冠的惊喜也有名落孙山的失落，但我看到的却不是战友们眼神中的无奈彷徨，而是更加坚定的目光和不服再战的坚守，也许这就是成长吧！高考近在眼前，也许你踌躇满志，也许现实与期望的落差让你难平心中焦虑，但正如教授所言，或许我们更该关注的是知识而不是名次，是过程而不是对结果的苛求。尽人事，把一切当作最好的安排。

高三于我而言并不是那么一帆风顺，从身体近乎绝望的疼痛到内心永无休止的挣扎，既想要成功又逃避失败的代价，或许是因为内心不够虔诚。

★高考动员

悟空历经七七四十九天练就火眼金睛，希望676的战友48.5天后慧眼识尽高考设错，共铸676辉煌！

距高考仅剩48天 值日班长：侯伟

★回顾提醒

今日亮点：班主任对考后的深刻分析让我们学会反思自身问题。

今日不足：早操被加圈。

恍惚间，我的衡中生活已接近尾声，回顾过去，不禁想问自己，到底收获了什么？首先想到的便是眼光。作为一名县城的中学生，我深刻地意识到自己的眼光不能只局限于一个县城。同样，无论以后进入的是清北还是衡水学院，目光不能只受限于周围的环境。以前听一位事业有成的学长说格局很重要，现在我才体会到一点“格局”的含义。其次便是对自己的高要求。“追求卓越”四个字早已扎根于我的脑海中，尽管因为基础、心态、性格和其他不想多说的因素，现在成绩不尽如人意，但我希望这种追求拼搏的精神在以后即使没有这个大框架下的鞭策也能真正内化于心。

★高考动员

面对高考，我想以一位协和老教授说的话做结语：“因为人总是要死的，所以不必着急、不必害怕。”

距高考仅剩47.5天　值日班长：孙涛

★回顾提醒

今日亮点：能够在考后调整状态，积极备考。

今日不足：晚新闻进入状态较慢。

百日宣誓的誓言犹在耳畔，一眨眼百天已经过半，剩下的47.5天过得一定会更快，高考仿佛明天就要到来。这仅剩的47.5天，正是我们补齐短板、提升能力、提高分数、稳定心态的关键期。我想说的是，也许这次考试对多数人来说并不理想，但是要明白现在的成绩只是近一段的学习检验，何况衡中自己的题往往难度偏高，所以说现在的成绩和48天后高考的成绩并无直接关联。不要因为只会做难题凑巧得到了一个高的名次就沾沾自喜，也不能因为一次成绩的不理想就自暴自弃。最后的47.5天一定要扎实基础、提高熟练度、练出能力、练出水平，问问自己：“现在考试仍低错频频，难道做不对简单题吗？”“数学、物理的中档题仍满足于会做而不能保证在短时间内高效且正确地完成吗？难题仅仅认为有思路就等于会做吗？”

★高考动员

努力不一定会成功，但不努力必将失败。希望每一个676人都能在剩下的47.5天中拼尽全力，无悔青春，圆梦高考！

距高考仅剩47天　值日班长：杨雨晴

★回顾提醒

今日亮点：到位时间有所提前，时间观念有进步。

今日不足：生物课课间说话现象较严重，下节课状态不能尽快进入。

时光飞逝，47天后，我们即将迎来学生时代最大的挑战，它在很大程度上决定了我们将成为一个什么样的人，拥有怎样的人生。

大学，是我们真正展翅飞翔的地方，我们将体验从未有过的崭新生活，步入一个精彩又充满挑战的世界。

然而，今天的模拟填报志愿给我们敲响了警钟。对一些同学来说，在纸上写下那些不得不写的校名时会异常心痛，我们也许从未正眼看过的一些学校却成了此刻的最佳选择。现实是残酷的，一切幻想和托词在它面前都灰飞烟灭，无路可走，只有接受。

所幸，为时未晚，高考尚未到来，我们还有机会。如果这次模拟是你的噩梦，那我们应该做的就是绝不让它再次上演，成为现实。

★高考动员

战友们，奋斗吧，在这最后的时间里，放手一搏，不要把痛苦的泪水和于事无补的悔恨留给阳光灿烂的6月。

距高考仅剩46.5天　值日班长：李靖

★回顾提醒

今日亮点：语文周测认真、高效。

今日不足：晚饭活动后到位迟。

不知不觉，又是一个轮回。日志本再次传到我的手里，随着高考的临近，它愈加沉重。十六模已然落幕，无论你是为自己的暂时领先而沾沾自喜，还是为自己的几度沉潜而痛心疾首，都请不要忘记我们的目标、信念。

调考失利是常规失守的必然，我们要规范自己的行为，用最认真的态度来书写676的辉煌。

★高考动员

转眼春天临近尾声，又是一个夏季，我们应为之疯狂，向着理想，不懈努力。

距高考仅剩46天　值日班长：杨浩

★回顾提醒

今日亮点：周测状态明显提升，自习进入状态快。

今日不足：课间自习化落实度不够。

又是一个阴郁的雨天，所剩无几的周测也已过半。46天的倒计时数字，在又一场理综的考试后异常突出。或失望于现状，或不安于那未知的未来。升入高三，步入百天，我似乎重新变成那个学习走路的孩子，一次一次的跌倒，一次又一次的迷茫，直到刘芳教授的一句话直击我的内心——“专注于脚下”。不去理会那已然沉寂的过去，不去虚设那未到的未来，我们能做的就是抓住这个清清楚楚、明明白白的现在。

★高考动员

从容地上台，优雅地谢幕，46天是我们最大的资本，无须去担心什么，因为系列第一终归是676的；无须去怀疑什么，因为清北终究是我们的。

距高考仅剩45.5天　值日班长：杨博

★回顾提醒

今日亮点：课间自习化效果显著。

今日不足：晚新闻略显嘈杂。

一节一针见血的班会让问题变得透彻而纯粹，为我们指明了努力的方向。北大医学部的报告更让从升入高三就憧憬那里的我多出几分前进的动力。人生的第三次周测已经落下帷幕，仅剩的45.5天容不得我们有半点懈怠。课间自习化，自习考试化，褪去前日的浮躁，我们应当沉淀下来，做那个知耻而后勇、活在当下的少年。

★高考动员

希望在当下，希望在前方。就像食指所言，当蜘蛛网无情地查封了我的炉台，当灰烬的余烟叹息贫困的悲哀，我依然固执地铺平失望的灰烬，用美丽的雪花写下“相信未来”。相信未来，我们定能在十七模一雪前耻，再登巅峰！

距高考仅剩45天　值日班长：王奇、李明哲

★回顾提醒

今日亮点：课间在两位同学的监督下比较安静。

今日不足：有人未听语文老师讲完就反驳，导致课堂有些乱。

★高考动员

距高考不远了，但一切尚未成定局，我们还有40多天可供努力。

这期间，我觉得只需要做到自己的极致就好，无须期望有立竿见影的突破，只需踏实向前，用积累的实力创造高峰，奇迹永远在手中。要做到，在走进高考考场时，信心满满，淡定自若，坚信自己就是那匹黑马：冲出平凡，冲向卓越。

距高考仅剩44.5天　值日班长：孙一婷

★回顾提醒

今日亮点：班会之后，同学们士气明显高涨，浮躁褪去，学习氛围浓厚，课间安静了许多。

今日不足：晚饭后到位仍有较大差距，望提高。下午课精气神不足。

经过高三下半学期这么多次考试，我也终于发现，没有什么所谓大神，他们不过是把平常人只能持续一段时间的努力延长至更远；没有所谓的高智商，那些导数的神奇思路，也是他们一遍遍失败后偶然寻得的惊喜。因为热爱，所以投入，所以执着，所以成功。

★高考动员

距高考还有44.5天，我们需要做的还有很多。放下顾虑，放下担忧，时不我待，功不唐捐，我们每个人都是抱着跣足苦行的宏愿，在征途上踽踽独行。所谓困者，难也，是深觉万难之下的渺小与决绝。676人必将用一支笔、一颗赤心，书写从地狱到天堂的华章！

距高考仅剩44天　值日班长：韩双庆

★回顾提醒

今日亮点：课间十分安静，接老师话的现象少了很多；英语课上与老师配合得很好。

今日不足：课间出去的人比较多。

通报一下昨天违纪：孙思远物理课状态差，刘颜滔、李幸洋语文自习传纸条。

离高考越来越近了，成绩的变动也越来越大。原来成绩不错的同学也有可能考到一二百名，原来成绩一般的同学也有可能考到前几名。闫夺金三次考试年级排名分别是第六、第四、第八，而此前考试也在一百名徘徊；同样三次考试都是年级前十的齐佳浩也不是智商超乎常人，也不是没有低谷。每个人都有可能一落千丈或是一战封神。化学老师指出不沉稳是制约我的最大因素，我想很多人跟我一样其实对待不顺心事要有大将风度，能赢也要输得起。

★高考动员

我们必须稳定军心，与高考相比一切杂事都是过眼浮云，同时越到后期课堂就越关键，时刻保持专注投入和忍耐不仅保证了对知识的良好吸收，更反映了我们的良好心态。今日埋头苦读是为了将来“大鹏一日同风起，扶摇直上九万里”，静心备考是为了揭榜时“春风得意马蹄疾，一日看尽长安花”。

距高考仅剩43.5天　值日班长：张洪璨

★回顾提醒

今日亮点：到位有所提升。

今日不足：课间状态下滑，自习化落实不好，学习激情不够。

距高考仅 43.5 天，课业负担日渐加重，但我们不应不满与抱怨，而应考虑如何有序安排、高效完成、快速提升。作业完成量有多有少，为什么你不是最多的？课间利用率有高有低，为什么你不是最高的？总有人会第一，为什么不是你？总有人能达到满分，为什么不是你？因为目标出现了动摇，因为付出产生了差距。坐稳板凳是学习的前提，专注投入是效率的保证。没有平时十年如一日的坚持勤奋，怎来考场上不负青春的辉煌？尖子生不都是天才，天才也不一定都是尖子生，在衡中一切都可以用付出的汗水抹平差距。没有天生的强者也没有永远的弱者，一切取决于内心的强大与行动的果决。

★高考动员

专注当下，立刻行动，十七模实现绝地反击，高考最终圆梦清北。

距高考仅剩43天　值日班长：卢天杨

★回顾提醒

今日亮点：到位普遍较早。

今日不足：课间留在教室的人很少，课上气氛沉闷。

距高考还有43天。时间一天天地减少，但我们更需要做好长远打算，不要被眼前堆积的试卷遮蔽了头顶的月光，更不要抱怨任务越来越多，而要珍惜一次一次的练习机会；不惶恐于时间的急迫，而应当感到亢奋与激动。用平和的态度对待高考，心中会多一分沉稳与笃定。

★高考动员

我们要有“天生我材必有用”的不气不馁，要有竹杖芒鞋一蓑烟雨的云淡风轻，要有一切过往皆成序章的归零心态。足不强则迹不远，锋不利则割不深。重视过程，提升自我，高考的路上收获的风景会更多。

距高考仅剩42.5天　值日班长：王赢锋

★回顾提醒

今日亮点：语文课气氛活跃，收获较大；晚新闻比以往静。

今日不足：周三测后课间有待提升，到位差距太大。

距高考所剩无几，仍是我们改变自己命运的机会。抓住这42.5天，目前仅能考上河北工业大学的你也可能圆梦清北；挥霍这42.5天，说不定你连进入河北工业大学都费劲儿。所以，不要觉得高考临近就惊慌失措，只要努力，一切都还能改变。

★高考动员

面对接下来的日子，我们一定要摒弃浮躁、潜心付出，把每一天用到极致。

不管最后结果如何，最重要的，其实是这种无怨无悔。

676不确定每一个人都一起圆梦清北，但每个人都有圆梦清北的可能，所以立刻行动、不留缺憾，我们共拼、共勉。

距高考仅剩42天　值日班长：范媛媛

★回顾提醒

今日亮点：到位较早。

今日不足：很多人未完成英语作业。

距高考仅剩42天，日子一天天减少，剩下的周测、模考也变得屈指可数，做一次少一次。

★高考动员

接下来我们需要做的，不是认为大局已定，不要在剩下的时间里混日子，而要相信，一切皆有可能。经过42天的磨砺转变，你可能成绩保持稳定，顺利考上理想大学，抑或是成为6月的又一匹黑马；相反，度过42天的沉沦放纵，你只会一落千丈。成功是留给有准备的人的，希望各位在这42天中做好准备，6月打下漂亮的一仗。

距高考仅剩41.5天　值日班长：王岩

★回顾提醒

今日亮点：到位较早。

今日不足：周中测后课间利用不充分。

还有整整六周就要高考了，随着日子一天天减少，我相信所有同学心中必定喜忧参半，喜的是寒窗苦读十几年终于到了收获的季节，忧的是对高考的恐惧和压力的倍增，但我们不能被压力击垮，也不能丧失初心和对知识的渴望。

★高考动员

每临大事有静气，我们要化压力为动力。刘芳教授也谈过适当的压力有利于课业生活，而一旦超过了压力临界点便会身心俱疲，所以我们要把每一天过成唯一，活在当下，享受学习。你一定会怀念这段奋斗的有哭有笑、有收获也有成长的时光，感恩你现在拥有的一切，每一位老师、每一位同学的陪伴都是来之不易的缘分，让我们为这段缘分再画上一个圆满的句号，高考676班必胜。

距高考仅剩41天　值日班长：王海阔

★回顾提醒

今日亮点：到位较早。

今日不足：早饭后进入状态较慢，测试后太乱。

今日我们迎来了第一次周五测，可就算是加上周五测，理综测试还能有几次，更何况其他测试呢。每次测试中是否暴露了自己的问题？问题是否解决了？解决后是否有进步？这都是我们在每次测试以及作业后应该思考的内容，而不是在测试后做无谓的感慨。在对与错中抓紧每一分每一秒，放下懒惰，放下浮躁喧嚣，唯独不放过每次提升的机会。

★高考动员

黎明前最黑暗，成功前最痛苦。不做未经努力就承认失败的妥协者，不做无欲无求的佛系青年。任前路崎岖坎坷、荆棘密布，我自含泪亦含笑，走完剩下的路，愿君于终点处回首会说“一切都值得”。

距高考仅剩40.5天　值日班长：杨欣洁

★回顾提醒

今日亮点：课间比较安静。

今日不足：晚新闻进入状态太慢。

今天距高考还有40.5天。你是否在日复一日的题海挣扎中短暂麻木了内心？你是否在层出不穷的低错与尚未掌握的试题里痛苦沉沦？诚如学长、学姐所言，高考与平时成绩零相关，它只与你痛哭流涕后的努力掌握一种题型、提升熟练度强化能力有关。所以，无论此刻如何，只要意识到了不足，一切都还不晚。

“不长庄稼便长杂草”，多言杂话、多做杂事、多思杂念便是损耗高考的元气。

让头脑里每一分钟充满提高方案，每一时刻回顾知识，你会觉得，原来被知识拥抱的感觉是如此的美好。

★高考动员

在距高考如此近的时光里，我们应该真正思考自己需要什么并且奋不顾身地去做，做意志不移的人。将北大学长QQ上的几句话转给同学们分享：“肯做出改变已是一种进步，一味图求必要的反馈只会让你在频繁的转换中失去动力与初心，坚持下去，结果总会比最初好。”“看淡结果，削去一切延伸的和附加的，做自己认为是对的而不是别人想要的。点燃自己强大的无畏与自信，莫失尘封已久的冲动与渴望。”

距高考仅剩40天　值日班长：李东润

★回顾提醒

今日亮点：到位较早。

今日不足：课堂激情度不高。

今日召开最后一次家长会，明日便迎来十七模。

★高考动员

模考仅剩4次，高考近在眼前。相比于过去和未来，更实在的是眼前的题目，在题目面前的屈服是最要不得的。当你一次次战胜内心的恐惧便迎来一个更加美好的未来。你所做的每一分努力都会积沙成塔，最终做成皇冠，在6月让你加冕为王。

距高考仅剩38天　值日班长：苗成林、贾方实

★回顾提醒

今日亮点：没有放假回来后的漫长调整期。

今日不足：有多个考中违纪。

距高考的日子已屈指可数，每个人都对未来有着或多或少的期许，对人生都有极富个性的认识。将期待与睿智化为前行的动力与方式，最后努力几天，无

悔于人生，无悔于命运。

★高考动员

日常考后的时间，某种意义上也是你弯道超车的机会，与其纠结自己发挥好与坏，不如静下来，利用好考后的公共自习，继续向自己的北大梦迈进。从今天晚上，一切又回到正轨，你还是那个热情洋溢的你，只要盯准高考，平时的考试就仅仅是积累知识点。

距高考仅剩37.5天　值日班长：郭昊明

★回顾提醒

十七模刚刚谢幕，你是否已从以往的“考试综合征”中走出？是否再次潜心投入全新的三轮复习中？无论如何，考试已经过去，我们需要的是解决考试中暴露出来的问题，积累高考前的排雷经验，如此才是对自己的鼓舞抑或鞭策，才能为即将到来的三轮开启必胜之门。

★高考动员

很喜欢一句话，“命是弱者的借口，运是强者的谦辞”。在今后的37.5天中，与其做一个每日浑浑噩噩，在失败前大呼“天亡我也，非战之罪也”的弱者，不如拼尽全力、逆天改命，待得金榜题名后，以强者之姿，淡然地说一句：“运气使然罢了。”

高考前1个月

距高考仅剩37天　值日班长：王润一

★回顾提醒

时间的紧迫不必多说，十七模的失败给了我们当头一棒，但我们不能就此沉沦，也不能逃避不堪的现实。我们要做的是痛定思痛，接受自己的不足，并着手去改变。

考试的失利，总会带给我们不同程度的打击，衍生出各种消极的心理状态。可能你会说，我已看破红尘，万事于我如浮云。但高考在即的当下，这是内心驱使自己逃避现实的表现。“淡泊以明志，宁静以致远”说的不是对差的成绩付之一笑后不再理会，而是在备受打击后可以冷静地反思自己的种种缺漏，并且不畏惧地去改正它们。可能你还会说，我有鸿鹄之志，一手擎天、权御天下，独为千秋一霸，高考这件“小事”不入我眼。但我想提醒你的是，一屋不扫何以扫天下？倘若连高考都不敢面对、无法征服，你的能力与价值又如何在人海中凸显？请记住，我们不能自卑到自甘堕落，也不能自傲到恃才傲物，脚踏实地才是实实在在的好方法，请不要逃避着不敢剖析自己，只有把自己的缺点认清了，我们才有进步的可能。

★高考动员

什么是弱者？是稍有不顺后，或安慰自我，试图逃避，或不屑反思，刚愎自用。什么是强者？是风霜击砺后，可以认清自我，依旧引吭高歌。最后的37天，让我们做强者一起走，一起赢。

距高考仅剩36.5天　值日班长：徐海涛

★回顾提醒

今日亮点：经过反思后，课堂秩序有明显改善；晚新闻较少人出入，较安静。

今日不足：课间依旧无法做到真正无声，仍有人说闲话。

十七模已经落下帷幕，不忍直视的成绩让我们心塞，但我们还有机会，在高考之前，我们可以接受失败，但绝不能轻言放弃，因为一切还不成定局。

下周一就是十八模。你是在沉心静气、努力备考，还是仍心灰意冷、无心学习？你是在找老师问问题、改正错误，还是仍执迷不悟、固守己见？尽快调整状态，专注于当下，才是最要紧的事。三十多天，没时间顾影自怜，更没时间随意挥霍。

当总是愁苦成绩上不去时，问问自己是否达到沉迷学习无法自拔的境界；当总是懊恼低错不断时，问问自己是否听老师的话规范作答。我们还有很多增分点，一天增一分并不难。

★高考动员

相信所有的付出终会有回报，相信所有的痛苦都只是黎明前的黑暗，相信老师，相信自己。十八模，我不想说雪耻，因为那本就是属于我们的王位。

距高考仅剩36天　值日班长：董博迪

★回顾提醒

今日亮点：课堂氛围有所好转。

今日不足：课间有些乱，不交作业现象比较严重，英语课课堂秩序不太好。

十七模暴露出很多问题，成绩不好伤心或着急都很正常，但相比于让消极情绪泛滥，更重要的是接受、面对、解决问题，蓄力再干，为日后的辉煌奠基。在这个教室，老师和我们已相伴一年之久，大家都是热爱676的，都希望676是高考成绩最辉煌的那个班，为此，不畏低谷，不惧眼前堆积的作业、满是错误的试卷、难以攻克的题目。或许，一个人的改变决定不了什么，但一个人，再一个人，我们一起，就是这个班。

★高考动员

高考，一生仅此一次，我们有什么理由不让它成为人生浓墨重彩的一笔呢？那些700分，那些目标，是真心的吗？喊了一年的誓言，难道最后只能成为谎言吗？不管现在处于什么位置，到这个时候，如果连我们自己都不相信自己能成功，那我们凭什么成功？高三，一辈子仅此一次，难道要浑浑噩噩地混过去吗？有些事，高三不做，一辈子都不会再有机会做，有什么必要去抱怨、去找那些不痛不痒的借口呢？如果你真的想做成一件事，不管遇到什么困难你都能做成；如果期待美好的未来，那就该付出最大的努力去追求。珍惜时光，相信相信的力量，做最好的我们。我从未怀疑，因676的团队就是最从容、最有霸气、最有骨气的那群战狼；我一直相信，因676必是高考的王。

6月高考，“铁军”必胜！

距高考仅剩35.5天　值日班长：刘颜滔

★回顾提醒

十七模已尘埃落定，班级又暂时陷入了失利状态，这不仅是集体的问题，我们应该认识到，积沙成塔，正是每个人的问题汇聚在一起才外化为班级的大退步，我们是时候从歌舞升平的太平中醒来，真正地去抚摸自己的痛处，积极寻找方法去疗养伤口，而不是等着伤口慢慢溃烂。

★高考动员

最近，班主任已经加大了课间与自习的严查力度，相信每个同学都有所体悟。唯有从常规做起，从小事做起，才能水滴石穿。只要我们不忘初心、砥砺前行，高考的胜利果实依旧是我们676人的。

谨以一小诗献给同学们：

十七模有感

楚客空戴冠，猛下一五千。

鸿门屈下膝，西向小道间。

止欠淮侯略，垓下天地宽。

四五应看彼，定教汝识鳞。

距高考仅剩35天　值日班长：邢宝超

★回顾提醒

今日亮点：语文课较认真。

今日不足：数学低错过多。

最后一次学号的更换标志着高考的临近，也为我们的备考敲响警钟。对于学霸而言，日渐变小的学号是对自己最好的肯定，是从容面对高考的无限自信；对于学渣而言，惨不忍睹的学号是一种警醒与鞭策，也是对心态的最大考验。

成绩与学号的无下限已成常态，惨痛的经历一次次告诉我们踏实与勤奋才是王道，自以为是的小聪明只是我们无法吃苦的借口与自我安慰，如果保分题都保不住，导数和解析会做又有什么用呢？

★高考动员

有人说“别嘲笑别人努力向上的姿态难看”，希望以此与大家共勉。最后，祝十八模取得好成绩。

距高考仅剩34.5天　值日班长：张天池

★回顾提醒

今日亮点：到位情况较好。

今日不足：课下任务完成情况不好。

今天距高考只有 34.5 天了，再过 34.5 天，我们就将在高考考场中，一笔一笔写下 12 年奋斗的结局，写下未来的辉煌开始。我们是否有足够的信心交出一份令自己满意、不留遗憾的答卷呢？还好，我们仍有时间。离高考越近，我们的努力就更有效果，每一滴汗水都会在高考中得到回报。

★高考动员

34.5 天，足够我们超越自我、创造奇迹。但 34.5 天也很短，如果浑浑噩噩、随波逐流，那么这宝贵的时间也会一晃而过。所以请从现在开始行动，杜绝浮躁、不要迷茫，做好计划、查漏补缺，把每一分每一秒都用在刀刃上，绝不带着问题上高考考场。只有不遗余力，我们才能自信坦然地面对最后的结局，而这个结局一定不会差。

距高考仅剩34天　值日班长：王乐童

★回顾提醒

今日亮点：理综周三测讲评中积极思考、拓展思路。

今日不足：早操到位仍待提高。

★高考动员

高考临近，你心中是与日俱增的紧张压力，是状态不佳的怀疑浮躁，还是专注虔诚的无憾无悔？大事当前，更要泰山崩于前而色不改，沉着冷静，相信自己的实力，相信所有的汗水终有回报，相信每一道题都有收获；不要陷入题海挣扎，要化零为整，及时整理，回归基础，升华题型，这才是三轮复习的着力点与增分点；不要专注于知识，要沉潜于思考，淡化外界，淡化分数与名次，一切归零，收获笔下的每一个答案。

距高考仅剩33.5天　值日班长：李尚宇

★回顾提醒

今日亮点：作业收发有秩序。

今日不足：课间说话势头有死灰复燃之势。

回想起来能让我们热泪盈眶的日子只剩 33.5 天，不知你现在有何感想？眼睛一睁一闭，一天就过去了，时间距离上如此之短的一天中，你在无限的知识储备空间中又增加了什么？我们应时不时地停下来看一看自己努力的方向与过程有什么改善。

问大家一个问题，如果你现在去参加高考，或延续现在的状态到高考，你会是怎样的成绩？这个成绩能够使你进入清北或其他理想大学吗？我们都憧憬一个美好的未来，都不愿在高考成绩揭晓后叹息理想与现实的差距，叹息命运女神的不眷顾，所以趁现在还有 33.5 天，认清现实，改变自己，做行动上的巨人，拼得无悔青春。

★高考动员

以《野子》歌词结尾，与大家共勉：“我会变成巨人，踏着力气，踩着梦。”

向梦想进发！

距高考仅剩33天　值日班长：李润华

★回顾提醒

今日亮点：周测前课间比较冷静。

今日不足：早操到位与其他班差距较大。

今天距高考仅剩33天。33天，或许真的很短，即使一天增加2分，或许都到不了理想大学的分数线。你在衡中的时间，也只剩下99次餐厅吃饭、66次午休晚休、33次操前宣誓。但是我来告诉你，33天可以改变什么：一个月，可以养成平心静气、专注思考的习惯，可以酝酿一百条语文金句，可以消灭数学低错，可以把英语基础再次滚动复习，可以把理综的每一小题都分析到极致。

★高考动员

最后33天，比的不是智商，不是以前学了多少知识，比的是沉稳大气、临危不乱，比的是颗粒归仓、养成习惯。所以，不必过分追求分数，只需大步向前，只需“竹杖芒鞋”小步快走，便可把那些意志不坚、慌乱不安的人甩在身后。等到你跨越终点之时，无意间便会发现：你，就是第一！

距高考仅剩32.5天　值日班长：展一凡

★回顾提醒

今日亮点：到位有进步。

今日不足：数学周测后秩序混乱，老师来了提醒后才安静；英语作业完成情况不佳。

今天距高考仅有32.5天，不知你是否和我一样内心多了分紧迫感？当你听到语文老师说“刷题的黄金期”时，你又是否添了一份自信与勇气？

★高考动员

我们每个人都有自己的目标、自己的梦想，自己对未来的无限憧憬，那么就应不念过往成绩的优劣，省去现在无谓的迷茫与慌张，全身心投入高考备考，听老师话、跟老师走，听好课、做好题、改好错。

世间总有人要走过生命的千山万水，才能获得最后的弥足珍贵，而在高考路上的千山万水，我们一路上一起面对，相信高考会最终回报每个人今日的努力，相信6月我们必胜。

距高考仅剩32天　上午值日班长：李轩

★回顾提醒

今日亮点：英语作业完成及时，课上同学积极响应。

今日不足：数学课上同学们低错太多。

今天距高考仅有32天，高考迫在眉睫。高考，是社会的一次分流、全国学子的大排队，是决定人生命运的时刻，在某种程度上，它决定了你将来在社会上所处的阶级和地位。

★高考动员

我们都想证明自己的价值，都想站在高处俯视他人而不愿被别人踩在脚下。那么，我们就要付出相应的行动去证明。在这最后的一个月，可能是我们证明自己的唯一机会，没有人愿意听失败者的抱怨和无聊的废话，我们向往的永远是成功者头顶的光环。

成功，你就是神！在这最后的日子里，拼尽全力，赢取尊严！

距高考仅剩31.5天　值日班长：张雅慧

★回顾提醒

今日亮点：进入自习状态较早，班会指明高考和模考方向。

明日又将迎来用兵之时，我们可以将上下午两场考试看作足球比赛的上下场，上半场正常发挥并不意味着中场休息时我们便可随意放松，否则下半场我们可能面临着全面崩盘。相反，我们应在考间养精蓄锐、补充体能，像队员间彼此磨合那样找到考试相关的题型热身，保持良好的手感和脚法。面对考场上对方球员的严防死守，我们也不可能轻言退缩，总有一个方法、一条突破防守的道路适合你。

★高考动员

切莫大意，众匹黑马蓄势待发，十八模676将多点开花，洞穿各理实大门。

距高考仅剩31天 值日班长：蔡梦璐

★回顾提醒

今日亮点：考试后的课程注意力集中。

前两次的失败不能击倒我们，676人一定要在又一次调研中再次迎来辉煌。

沉着冷静，多方思考，换个方向就能柳暗花明。考试既已过去，我们就要放眼未来，放眼临考的几科，坚持到最后一秒就会成功。

★高考动员

黑马亦要靠平时的积累，强者失去了平衡也会一败涂地。保持极端专注的状态应对考试，十八模，676必胜！高考，676必胜！

距高考仅剩30.5天 值日班长：孙昕宇

★回顾提醒

今日亮点：考后听课认真。

今日不足：饭后到位比往常慢，考后有些松懈。考完数学仍然不能完全投入理综，仍在讨论数学。

一个月后的今天，我们就将在高考战场上正式决战。我们要思考，这次考试能否做好全真模拟，是否已将考试的作用发挥到极致。

不论上次考试怎么样，将目光放远，后两场的正常发挥乃至超常发挥才是定乾坤的保障。再则，毕竟高考才是高中长跑中的终点，中途的一个个站点只不过是检验的标准，绝不可以成为放松的中转站。奔向终点的节奏急需延续，对于个人，对于班级，两次失利更是敲响了警钟。一切的生活琐事、闲言交谈在高考前都是那么的微不足道，主要矛盾面前，我们唯一能做的只有沉心静气、一心向学。

★高考动员

昔日已逝，从每一个清晨收心、归零、启程，每一个深夜安心、满载、抵达。每日的不懈努力、不留遗憾铺就通往清北的路。高考揭榜之日，必是我 676 人金榜题名之时。最后预祝 676 十八模强势回归。

距高考仅剩30天　值日班长：潘心怡

★回顾提醒

今日亮点：备考氛围浓厚。

今日不足：理综考后比较浮躁，不能尽快进入状态。

今天距高考只有 30 天，在“一天解决一个知识点”只能再收获 30 个知识点的今天，我们还应该做些什么？事实上，我们还可以改变结果。行百里者半九十，高三的三百余天征程如今才到了最关键、紧要的阶段，我们还可以认认真真地听每一节课，整理每一张卷子，做好每一道试题。只要我们坚持追求卓越，不放弃每一个提升的机会，6 月的那匹黑马一定是默默坚守的你。模考是高考的练兵，高考是平日的反映，我相信 6 月的辉煌一定属于不甘平庸的 676 人。

距高考仅剩29.5天　值日班长：王鼎生

★回顾提醒

今日不足：英语课进入状态太慢，考后到位情况不佳。

今天距高考仅剩 29.5 天，高中生涯中的又一次大型综合考试“十八模”也正式落下帷幕。不论你是为语文高分而沾沾自喜，还是为概率大题的扣分闷闷不乐，都请你记住，过去的已经过去，过去的已经成为历史。高三后期无穷尽的调研考试，早已让我们学会立即调整自己的状态，立即开始准备下一场考试，及至一个月以后的高考。我们要明白，心态的平和不是麻木不仁的借口，情绪稳定不是逃避现实的托词，直面惨淡的现实，果断出击，才是走向高考胜利的王道。

★高考动员

突然想到尼采对月神与酒神的精妙论述：“如果人生是场喜剧，那便恣意潇洒地演这部喜剧，不要埋没了喜剧的璀璨辉煌；倘若人生是场悲剧，也要有声有色地参演这部悲剧，不可失去了悲剧的壮丽与快慰，如酒神的浪漫恣意。”幸运，是命运额外的馈赠，不可囿于得失之患；遭遇厄运，也应诚挚参演，永葆希冀。黑暗只是夏日黄昏缓缓坠落；朝阳，也不过是温暖雨水倾倒深渊。一颗平静观照的心，是自得的，从不慌乱的。幸，不恐惧失去，风和日丽；厄，也藏有希望，山高水长。

哈姆雷特问霍拉沃自己是幸还是不幸，霍拉沃机警回答，一切均在心的牢笼中自我抗争，若是心中有路，那前路便有光。

愿你今晚一场好梦，醒来迎着朝阳，笃定再出发！

距高考仅剩29天　值日班长：王鼎生、李幸洋

★回顾提醒

今日亮点：王金战老师报告精彩纷呈。

今天是考后第一天，我们也迎来了“战神”的壮行动员。调整心态，瞄向高考的靶心；应用方法，射出必杀的子弹。最后29天，稳、准、狠是我们必备的素质。不要再有得失之患，属于你的，你终将会得到，不是你的，虽一毫而莫取。不要因为成绩而心情波动，一切未成定局，一切皆有可能，真正从高考之战中跑赢的才是骏马。

★高考动员

既然任何一个智力正常的高中生都能可达到“清北”的高度，既然所有人都有可能由一个平凡的人成功逆袭，你为什么不去创造一个“奇迹”？

不要再犹豫彷徨，29天足以让你高考封神，但关键——你不是想想而已。

距高考仅剩28.5天　值日班长：马培轩

★回顾提醒

今日亮点：周中测状态好，有很多同学渴望冲刺满分。

今日不足：英语课堂太沉闷，语文自习进入状态慢。

676还是未能重回第一王座。

这是听过王金战老师报告后第一个实践性的下午，不知大家过得是否充实，反正我是在午休结束后第一个冲进教室查到位的狂奔中再次体验了一把“咱还年轻”的青春热血。是的，年轻，青春，这就是我们最大的资本。不怕输，不怕痛，摔倒了站起来，向前冲，未来还有无限的可能。如果前面有千万人阻挡，我们要做的也不是投降，而是明知会鼻青脸肿也要喊出“一个打十个”的豪迈气魄。当然最终的结果可能不是横扫千军，而是上演一场被群殴的闹剧，但那又如何！我热爱我疯狂，我的青春之歌就是要有血有泪唱得响亮，握紧的拳头为了打拼尊严向前挥舞，模糊的身影为了实现梦想在人群中穿梭，不虚此生，我心敞亮。

今天听会和 1 号坐在一起，我们都发出了“好似回到起点”的感慨。也许生活就是在画一个圈，如果惊心动魄了一点儿还可能是个椭圆。但没有关系，我们收获了，收获了拿起笔的淡定从容，收获了勾勒线条的细致精准，收获了收笔封口的平静洒脱，这又何尝不是一种成长？或许下一次我们就能画出开口超级大并且指向人生正方向的抛物线了。只有不断地尝试打磨，我们才会清楚自己的真正力量。

★高考动员

还有时间，我们还可以在 28.5 天的珍贵时光中重塑自己，愿高考 676 必胜。最后以体委的身份说一句：“明天换跑操位置，咱们班在第二个，我用粉笔画好位置了。”

距高考仅剩28天　值日班长：穆静阁

★回顾提醒

今日亮点：考后同学们积极进入下一轮备考状态，班级整体气氛较好。

今日不足：到位仍须提升，到位后无所事事的状态应该改进。

距高考仅剩 28 天，处于临战前的最易疲惫阶段，也是最需斗志与毅力的冲刺期，不管是急于为三年的衡中生活画上完美句号，还是渴望考入大学的美好，我们确实需要实实在在拼一把，正如众多老师与专家所言，高考后我们这群人将各自奔往不同方向，也必将到达不同终点。无论是简单地为生存而奋斗，还是为了心中远大目标而拼搏，高考都为我们定好了起步平台。现在的我们已经没有时间去操场闲逛，而是如王金战老师所言满怀信心地去寻找下一个盲点。因为天气好，因为天气不好，因为天气刚刚好，其实，每一天都很美好。在即将到来的盛夏，希望每一个676人最终都能实现心中的理想，把握属于自己的美好！

距高考仅剩27.5天　值日班长：李雪晴

★回顾提醒

今日亮点：数学、化学课上同学们紧跟老师，课堂氛围较好。

今日不足：衔接不到位，物理老师说班级缺少紧张感。

今天距高考仅剩27.5天，除去自主复习一星期，我们仅剩3周学习时间。到现在为止，你是否已将十八模暴露的问题全部解决，是否为之后的一个星期做好了规划？语文周中测还有低错吗？今天讲的数学难题积累了吗？今日的英语任务完成了吗？昨晚的语文论述文写完了吗？做好在明天的理综测试拿300分的准备了吗？每天睡前问自己几个问题，做好反思与总结，为自己的一天画上完美的句号。

★高考动员

在炎热夏季，家长的水果为我们送来了凉爽，焦文林老师的报告亦是给了我们精神熏陶。有了家长、老师的支持，我们的高三备考定会更加有激情。

我到现在还十分清楚地记得，高二最后一节物理课上齐晓环老师对我们说："希望你们日后回想起来，能够无悔高三那一年。"到现在，距高考还有不到一个月的日子，希望每一个676人全力拼搏，真正做到无悔每一天。

距高考仅剩27天　值日班长：董佳琦

★回顾提醒

今日亮点：语文课与老师呼应积极，理综测试秩序较好。

今日不足：数学课前准备不充分。

今天距高考还有27天，一个没什么特别的周五，却也可以因你点滴的改变与进步变得独特。回想刚到676的那天，小假期返校的那天，百日誓师的那天，仿佛刚刚经历过。时间过得飞快，不知不觉我们到了不足一个月就要高考的日子，转眼间我们也将步入考场。如果你丧失了信心，看不到希望，就想一想曾经喊出的誓言；如果你习惯了这样的生活，没有了动力与激情，就想一想老师、家长的期盼；如果你仍被杂事困扰，就告诉自己一切等高考后再说。

★高考动员

27天，愿我们用努力为高考后的狂欢争取一个理由；27天，请照顾好自己，以最好的状态走进考场。待到高考放分日，我们就能看到一个让所有人满意的结果。

距高考仅剩26.5天　值日班长：丁雨潇

★回顾提醒

今日亮点：周五测到位较早，模拟氛围浓厚，同学们目标明确，分分必争。

距高考仅剩26.5天，初来衡中时一个调考的周期，隔着时光步步缩小的缝隙，我们将以什么向高考致意？起床歌细腻的歌词似乎在提醒着我们，每个剩余的日子在将来回忆时都会说得很亲切，即使在日复一日的螺旋中暂时失去感知，又偶尔在夜深时被高考的设想惊出冷汗，但我想每一段走过的惊险路都会在回首时感到安稳，6月的临近让我依稀想到一段话：一直度过的季节，就连道路旁盛开的花也渐渐变化了，那朵花的名字到底是什么呢？白白的，小小的，走近那花会有淡淡的香气，只是我们还没有来得及知道就已经长大成人了。

★高考动员

愿我们今后所有的担惊受怕都是虚惊一场，所有经历的天灾人祸都能劫后余生，就像歌里唱的，轻闭双眼，太阳西沉，现在没有人能够伤害你。明日晨光初现，你我安然无恙。

距高考仅剩26天　值日班长：李越

★回顾提醒

今日亮点：物理课思维活跃，英语课紧跟老师。

今日不足：早操到位仍须提升。

走过炎炎酷夏、冽冽秋风、数九寒冬、春暖花开，高考终将如期而至，不会和我们一样，既迟到又早退。听过各个专家的讲座与报告，你是否一时涌起热血，立志清华北大，但过了两三天后就又和之前一样，醉生梦死浑浑噩噩？

★高考动员

有同学说，他也曾幻想在水木清华园或燕园博雅塔求知，但因残酷的现实而放低了目标。在衡中，踏入清北门的，毕竟是六千分之二百左右的概率，站在金字塔顶端的人毕竟只是少数。但这并不意味着以敷衍糊弄的姿态去混过最后的26天。不求结果，如何辉煌？但求初心不负，光明磊落。

距高考仅剩25.5天　值日班长：董丽妍

★回顾提醒

今日亮点：课堂上紧跟老师。

今日不足：课间班内人少。

今天距高考仅剩25.5天。现在的你是惶惶难以终日，还是像打了鸡血一样对未来充满信心？时间短，并不意味着结局已定，你还有很多机会可以去改变，只要你愿意。

有人说以后要开游戏公司，以后要周游世界，又或者想开着兰博基尼与好友飙车，想去西藏支教，但前提是你能支配自己的生活，你能有选择的权利，选择过你想要的生活。

★高考动员

时间过得真快，仿佛还是刚刚踏进衡中校园时的青葱少年，天不怕地不怕的样子。676班是团结的班集体，我们享受学习的过程，也享受集体的智慧。高考考的是智商，但更多的是情商，更多的是策略战、心态战。别瞎想了，别犯傻了，别纠结了，团结、智慧的676人想要成功，无人能敌。

距高考仅剩25天　值日班长：田景昊

★回顾提醒

今日亮点：周测专注紧张，模拟高考氛围浓厚。

今日不足：语文周测后班内很嘈杂。

清晨暗淡的阳光在突兀的枝丫上被分离割裂，正午粉红色的花瓣随风扬起，午后窗外大片大片的浓绿抹满了沾着如花生油般浓郁阳光的世界。曾有某些时刻，突然觉得自己孱弱渺小，看着时间飞逝而恐慌不已，就好似噬魂怪压在肩上，恐慌蚕食着我的勇气。但拼搏奋斗中，你总会找到自己的“守护灵”，无论是牡鹿还是牝鹿，是猫还是兔子，是狼还是凤凰，只要它在，纵有万千阻挠，你只消且行且歌、踏浪而行，千军万马也会为你让路，万水千山也难以阻挡。我们的守护灵无一例外叫作“拼搏”。

★高考动员

大学的生活会很美好，但如今奋斗的日子更美好，也许正如语文老师所说“这将是人生最后一段忘我奋斗的日子”。愿你我不负韶光，切记时不我待、功不唐捐，走好高考的最后一公里。

距高考仅剩24.5天　值日班长：吴文杰

★回顾提醒

今日亮点：班会课积极思考。

今日不足：自习课之间的衔接略显浮躁。

周测调考刚刚落下帷幕，如今剩余的大型考试只有十九模、二十模和高考了。关于考试，你找到正确打开的方式、正确的流程了吗？你是否还因为时间分配、走神、意识游离而大面积失分？你的知识体系是否已经足够完善，让你有信心网住高考出现的所有知识点？

古人说“天助自助者”，最终决定成败的仍然是我们自己。其实，所有的低错和自身的态度都有密切关系。试想你是否怀有童趣般的好奇，来对待你所做的每一道题？当意识游离时，你是否下定决心且出于本意将思绪拉回？爱因斯坦曾说："态度上的弱点会变成性格上的弱点。"

★高考动员

有人说："现在大局已定，剩下的只是细枝末节，成不了大气候。"然而，我想问："你上 700 分了吗？你数学上过 146 分吗？你理综考过 290 分吗？你低错即便能维持在较低水平，但你有信心进清北吗？"还有 24.5 天，人生的节点也许就在脚下，我们还有很多事情可以做，也应该做。

过去曾听过这样一句话："备考就像在黑屋子里洗衣服，你不知衣服是否洗干净了没有，只能一遍又一遍地去洗。"等到高考之后，灯光打开，你就会知道你的衣服是否光鲜亮丽。当你穿上这件衣服时，你就会回忆起这段在 676 班奋斗的岁月。

距高考仅剩24天　值日班长：许家欣

★回顾提醒

今日亮点：数学课积极，到位有进步。

今日不足：第五节课前太乱，进入状态慢。

昨天周测已结束，今天当你面对同样的题目时，是为昨天的失误后悔莫及，还是为自己的正常发挥而更加自信？你的每一个今天都在为你的昨天埋单，你的昨天也在一定程度影响着你今天的状态。

★高考动员

我们要过好每一个今天，为明天蓄势而不成为明天状态的干扰。发现问题，摆正心态，静心备考，我们的生活就应该如此简单纯粹，其他的任何杂念都不过是无意义的瞎想与忧虑。平稳的心态，会让成功水到渠成。

距高考仅剩23.5天　值日班长：石志晴

★回顾提醒

今日亮点：上课紧跟老师。

今日不足：课间状态差。

今天距高考仅剩 23.5 天，最后一次周测的讲评暴露并解决了一系列问题，不知你是否认真消化吸收了要牢记？要牢记校长寄语：“陶醉在解决问题中，将暴露的问题一丝不苟地解决，我们离清北就更进一步。”

★高考动员

行百里者半九十，摆正心态，摒弃杂念，愿每个 676 人都能实现理想、无悔青春。

距高考仅剩23天　值日班长：张澳

★回顾提醒

今日亮点：数学课上高效专注、认真思考。

今日不足：英语课不够投入。

今天距高考仅剩 23 天，你的问题真正解决了吗？我们很容易让自己忙起来，很容易让自己奔波在所谓的补弱科的道路上，但是没有方向性、针对性的学习如同大海捞针，最后又能收获些什么呢？

23 天，一切不成定局，可是我们真的没有时间了。你是理综 300 分都不到吗？你是数学每一个知识点都有问题吗？你的问题到底在哪里？你又打算什么时候面对那个还不完美的自己呢？

★高考动员

有斗志，有方向，只要最后一刻没有到来。不要害怕，也别懈怠，不急不躁，耐心努力。

距高考仅剩22.5天　值日班长：赵梦圆

★回顾提醒

今日亮点：语文课堂积极活跃，数学课堂敢于发问质疑。

今日不足：物理课堂有些沉闷，课间利用率不高。

石家庄二模考试尘埃落定，十九模战鼓已然擂响。考好了，你应该沮丧，这不是高考；考坏了，你应该窃喜，幸好不是高考。倒计时牌上的两位数已经容不得我们去懈怠，去自暴自弃，去怨天尤人，现在最好的状态是宠辱不惊、气定神闲，你要相信命运自有最好的安排。

★高考动员

22.5天，拼个无怨无悔，拼个昏天黑地。在这仅有的学习时光里，希望大家都要学会珍惜，珍惜兢兢业业的六科老师，珍惜同窗同读的同学，珍惜青春梦一场，珍惜相聚的时光。愿高考揭榜之时，每个676人都能如愿以偿、梦圆衡中。

距高考仅剩22天　值日班长：张永赟

★回顾提醒

今日亮点：同学们课堂效率很高、思维活跃。

今日不足：到位普遍较晚，语文、物理的课下投入不够。

告别了石家庄二模，我们已经站在了冲锋十九模的关口。石家庄二模这一次贴近高考的模拟，成绩虽有好坏，但暴露出的问题才是我们的关注所在。问题、难点，有时并没有看上去那样可怕；所谓的复杂、难度大、耗时长，不过是自己低效、投入少、不专注的托词。学而不思则罔，各位可能与我有同样体会，思考实为学习旅程中必不可少的环节。

★高考动员

倒计时一天天减少，时间越来越接近高考。今天，可能是我最后一次做总结了。676从来都是团结的集体，身在其中，我无比自豪。成功也好，失败也罢，只要不是高考，一切皆有可能。王老师说，你可以背过身去掉眼泪，但当你擦干眼泪转过身来，就得是猛虎下山。还有22天就要决战了，今日不为猛虎，何日再现英姿?

高效、专注，为梦想奋斗，为一个简单纯粹的念头不顾一切，拼个昏天黑地，拼个不负青春。

愿676人人高考成功，我与676同在!

距高考仅剩21.5天　值日班长：史文菲

★回顾提醒

今日亮点：同学们课堂很投入，备考热情高涨。

今日不足：英语作业上交不齐，晚新闻前进入状态慢。

高考前的倒数第二次模拟即将到来，我们在流程上模拟高考，在心态上超越高考，全力以赴用现在的紧张高效来打磨高考考场上的从容不迫。

★高考动员

在备考时，我们讲求虚心求教，刨根问底，发现问题、解决问题；在考场上，我们追求心平气静，放开手脚，绝对自信。面对明天的考试，最后的备考最怕漫无目的，应该如德宸老师所言“如饥似渴，燃烧大脑”。一旦上了考场，也要如德宸老师所言，拿出“我就是天下第一”的自信和胆量，无所顾虑地发挥出自己的水平。相信每个人的都是金子，都会发光。676有士气，十九模676必胜，高考676必胜！

距高考仅剩21天　值日班长：方伟

★回顾提醒

今日亮点：士气高昂，考完试进入状态比以往有提升。

今日不足：到位可以更快一点。

经历了上午语文的洗礼，我们不应再沉浸于其中的得与失，而应以一颗平常心去对待下午的数学和明天的理综、英语。

★高考动员

在高考到来之前，我们都还有机会，但机会从来都留给有准备的人。700分未至，吾心不死。我们须坚定信念，坚信每一次失败都是一次磨砺，每一个问题的暴露都会为高考的成功铺路。

希望676的勇士们十九模取得好成绩，高考中创造唯一！

距高考仅剩20.5天 值日班长：贾涵茜

★回顾提醒

今日亮点：生物课思维活跃，理综备考稳步推进。

今日不足：晚饭后到位晚；物理课态度不端正，对基础知识不够重视。

记得那篇59分写给老陈的信中所言："想当代梅兰芳大师面对老者指责不加怨怼反而拜师求艺，就应该学会闻过则喜的雅量，闻吾过，心窃喜。"无论考试结果如何，在考试前暴露问题应该兴奋才对。生理学研究证明，许多困难问题的解决依赖于激活思维，而激活思维需要经过一定时间的预热。如果从走出考场开始，思维就转到下一门课程的考试，可以使思维在相关问题的解决上获得一段时间的预热，到下一门课程的考试开始时，思维就可以处于较高活跃状态，从而使相关问题解决得更顺畅。

★高考动员

理综备考要注意：从容应对，用好草纸，细准审题，慎热克生，巧解难题，一计不成，再生一计，规范作答。

理综王座，676独享！十九模第一，舍我其谁？

距高考仅剩20天 值日班长：王诗雨

★回顾提醒

今日亮点：早上进入状态早。

今日不足：英语课效率低，课前进入状态慢。

理综已经尘埃落定，我们现在应该想如何让英语为总分做更多贡献。我们只有20天了，不到10节课，不到10个自习。或许你还在因为低错而懊恼地停下来歇一会儿，或许你还在因为走神在英语课上与老师四目相对，请让这一切都留在过去，因为我们改正的机会已经不多了。一切终将逝去，我们唯有珍惜。

★高考动员

最后20天，无论你是金属光泽的纯铁，还是红棕色的三氧化二铁，抑或是磁性的四氧化三铁，只要经得住磨炼，扛得住压力，撑得起未来，都是好铁。一群好铁铸成一支“铁军”，在高考的战场上必攻无不克、战无不胜、碾压对手、所向披靡。6 月高考，676 必胜。

距高考仅剩19.5天　值日班长：孙思远

★回顾提醒

今日亮点：语文讲评积极活跃。

今日不足：晚三进入状态慢。

大家都已经估了分，几家欢喜几家愁。但还是那句话，考好的收获自信，考炸的暴露问题，高考前的这波小团战，对于任何一个认真准备的人都应该是“这波不亏”。

★高考动员

明天有十几个小时的短暂休息，有的人排兵布阵，准备一战高考，还有一些人只是单纯休息。见到家长，请用笑脸面对，让父母看到我们积极乐观向上的一面，这样才能让父母放心。如果你已经浮躁不堪，希望因为我的提醒而让你变得警惕。

距高考仅剩18.5天　值日班长：代勇

★回顾提醒

今日亮点：课间状态有所提升。

今日不足：晚饭到位太晚。

高考前的最后一次休整结束了，晚三的班会又给我们带来了许多启示，新西兰橄榄球队恐怖的鼓舞士气让我们看到了士气的重要性和可怕之处，布洛克的奇迹告诉我们纵然没有力气了，也要把自己交给内心，用内心去拼，用灵魂去拼。赛马场上，我们看到了真正的黑马，让我们明白潜力无限，不到最后，不成定局。

★高考动员

最后的 18.5 天就是最后 100 米的冲锋，片刻的犹豫与松懈都会被人超越，持久不懈、永不放弃才能成为黑马。676 的勇士们，相信自己，沉淀自己，坚持到底，高考676必胜！

距高考仅剩17天　值日班长：杨朔

★回顾提醒

今日亮点：课间非常安静，说闲话的人较少。

今日不足：化学课作业完成情况不好；早饭后到位太晚；生物课有睡觉的——坐中间又矮又胖的戴眼镜的体委，我就不说是谁了……

先举一个例子，在你面前有一盘肉菜、一盘素菜，可能大部分人都会选择肉菜，如若告诉你素菜可以随便吃，而肉菜必须先跑完400米才能吃的时候，会有一部分人放弃，有一部分人选择跑完400米后吃。我们可以类比，相当一部分人被问及高考目标时都会选择清北，当被告知上清北需要付出更多努力的时候，就会有一部分人像放弃肉菜一样默默放弃清北，而另一部分人则继续努力，坚持为上清北而努力。我希望大家不要只停留在"想"的层面上，一遇到困难与阻碍就退缩，而是要努力付出行动，最终才有可能实现我们的目标。

关于我自己，高三一年即将过去，我给班级带来了很多负面影响，不过我做的贡献也不算少，两科课代表的工作都还可以，也做过一些其他的事。正的、负的加在一起差不多也抵消了，我自己问心无愧。高考要是超常发挥了，就——；正常发挥了，也——；失常发挥了就再说吧。

★高考动员

希望最后17天大家多攒人品、多捡分。

高考676必胜！

距高考仅剩16.5天　值日班长：杜典

★回顾提醒

今日亮点：课间状态有所提升。

今日不足：物理学案完成情况不佳。

★高考动员

王德宸老师曾说倒计时变成两位数日子就显快了，的确，一转眼高考就已近在眼前。我们应抓住最后十多天完成自我升华。也许许多人有这样一个习惯：当有一个好想法时不会立刻实践而是找一个所谓的好时间再行动，总是说着“当什么什么之后，我就要怎样怎样”，其实最好的时间就是当下，好的想法应该立刻实践。我们应停止等待，主动出击，取得高考大捷。

距高考仅剩16天　值日班长：张彤

★回顾提醒

今日亮点：早读到位比较快，课间比较安静。

今日不足：作业完成情况不佳。

刚升入高三时老师们进行学科介绍的场景还历历在目，如今却还有16天就要迎来人生最重要的考试。

★高考动员

人的一生总会遇到两种人，一种温柔了时光，一种惊艳了岁月。676的老师给了我们无限宽容、无尽关怀，让我们感受到了家的温暖；676的小伙伴们一起卖萌、搞笑，给紧张的学习生活增添了几抹快乐。

席慕蓉说，每条走过来的路都有不得不这样跋涉的理由，每条要走下去的路都有不得不这样选择的方向。选择一同奋斗高考，无论你是小暑假就来到了676，还是中途插班让676更活跃、更优秀，都应当让最后16天成为高三生活最精彩、最难忘的日子。最后16天一天比一天充实、一天比一天难忘，高考不至，奋斗不止。高考676必称王。

距高考仅剩15.5天　值日班长：刘瀚文

★回顾提醒

今日亮点：下午到位较快，大部分同学在英语听力之前已坐下。

今日不足：晚饭后教室里不安静。

班会课上，老铁强调现在到了拼命的时候，这仅剩的15.5天若是拿到上个学期不过是一个备考周期的三分之二，可放到现在却大不同——5天就可以使一科成绩发生天翻地覆的变化，何况还有3个5天，还来得及。

现在我们扪心自问，自己是否真的拼命了？老师说过，努力只是辛苦，遗憾才是沉痛，为了让后者不发生，我们能做的就是拼命把前者做到极致。

★高考动员

高考虽不能决定命运，但能影响命运，尤其是影响个人的精神。高考之后，有人会去往博雅塔下、未名湖畔，有人会进入普通的高校，还有人会回到博雅馆外、衡水湖畔，无论在哪里，有一件事不会变，那就是永远不能停下思考与奋斗的脚步——清北令人憧憬，可它给人多于衡中数倍的压力；普通高校分数线低，但需要日后付出更多的汗水。

人但凡活着，就要奋斗；但凡活在高考冲刺阶段，就要拼命。676的兄弟再拼搏半月，我们共同来创造新的奇迹。

距高考仅剩15天　值日班长：何晨旭

★回顾提醒

今日亮点：课间状态超常安静，课堂思维活跃。

今日不足：口号分贝不高，士气待提高。

听老班说士气大比拼我676荣膺桂冠，想必大家都很高兴吧（其实早就习惯了），希望大家能把士气延续下去。今早口号声明显不够大，现在该把士气转化成行动了。因为口号绝非喊喊而已，梦想也不是谁喊的声音大谁就可以实现。梦想，需汗水浇灌，用行动见证。

两个星期后，我们将要决战高考，或许你现在有点儿小紧张，抑或是小憧憬，因为它确实是我们走向另一个世界的平台。但，请你不要乱了阵脚，你要坚信，处在最优秀的学校里的班级（没有之一），676有能力把你送进理想中的大学，所以你要镇静，静候花开。你唯一要做的，就是善待手中的每一份试卷，不要去蹂躏；珍视所剩无几的课堂，不要去糟践。心怀虔诚，胸有成竹，义无反顾，为梦想而战，绝不后悔。如果你想去清华，请为此付出。

于我而言，高中三年就要结束了，我的高中三年可谓不平淡，起起落落，堕落与奋斗交织，然而最后我坚持了下来，衡中三年无悔无怨。

★高考动员

请让高考前的两个星期成为你日后乐于提及的奋斗史，终有一天，你可以流着泪，自豪地告诉自己：“那两个星期，我曾为梦想拼尽全力。”

距高考仅剩14.5天　值日班长：周怡宁

★回顾提醒

今日亮点：晚饭到位普遍较早。

今日不足：课间尤其是周中测后的课间喧闹。

今日距高考仅剩 14.5 天，你是否听到命运的脚步声？今日距自主复习仅有 5 天，你是否成竹在胸，有条不紊？习题越往后质量越高，资料越往后精华越多。但我们要真正清楚自己的突破口在哪儿，避免成为任务的附庸，为自主复习确立明确的方向。

★高考动员

听过太多他人的故事，如今轮到我们打造自己的传奇。这世上没有人会嘲笑你的梦想，嘲笑的只是你那与梦想不相匹配的行动。最后 14.5 天，望君不忘初心、砥砺前行。

距高考仅剩14天　值日班长：刘昕晓萌

★回顾提醒

小王子说过，如果有人爱上了在这亿万颗星星中独一无二的一株花，当他看着这些星星的时候，这就足以使他感到幸福。

距高考只剩下最后两周的奔跑，而这 3 年却是我们人生路上永远燃烧的记忆。此时此刻，与其去害怕一个结局，不如专注脚下的路，因为我们的成长无可替代，我们的梦想也不该因为任何的牵绊而变得黯淡。最后 14 天，如果足够渴望，就一定能为这段独一无二的旅途插上完美的终点站牌。不论前方是如何渺茫的眺望，我们都不应该忘记生活更广阔的意义。即使生如蜉蝣，面对广阔的天空，也要寻找心中最美好的远方。

★高考动员

祝愿大家在最后的高中时光中走出最光明的路。携手同行的日子固然短暂，但这份共同的成长却是我们终生相守的记忆，在越来越有限的共同抬头向上奋斗的日子，请接受这份祝愿。

距高考仅剩13.5天　值日班长：郭朝阳

★回顾提醒

今日距高考还有 13.5 天，我们应当庆幸还有三次改变命运的机会。正如总指挥所言，5 天就够了！愈是后期愈是知识、水平接近的时刻，拼的愈是心态，咬紧牙关搏到最后才是成功的不二法门。自主复习的临近，即将宣告老师口传心授式学习模式的结束；课堂上对高考题型无限接近的分析，无数次接近高考的自习模拟，都是为我们的高考行囊打点行装，抓住当下才是我们拥有的资本。

★高考动员

有人说，高三是场历练，而我更愿把它视为成长的一部分，拼的不仅是知识，更是强健的体魄、坚强的心态。话不多说，希望 676 人都能够埋头素服三缄口。欲跃龙门，必先沉潜于沙。

距高考仅剩13天　值日班长：孙涛

★回顾提醒

今天距高考还有 13 天，13 天是一个什么概念？ 13 天已经短于高考和出分的时间。想想 13 天后的自己，是惶恐纠结于是否报考一般高校，还是苦恼于小时候困扰过你很久的问题：“我是该上清华呢，还是该上北大呢？”是哭着想要将高考倒计时重置为 365 天，还是出分的半夜让“清北”招生老师对你轮番骚扰，无法安睡？是低三下四地求着一个你听都没听说过的大学里的招生老师录取你，还是理直气壮地和清北的招生老师谈条件，让他们为了抢夺你而不断增加筹码？

正如亦舒所言："人真的要自己争气，一旦做出成绩来，全世界和颜悦色。"而这一切都取决你这13天的态度和行动。

★高考动员

愿我们用13天的拼搏，赢得13天后的喜笑颜开！

距高考仅剩12.5天　值日班长：杨雨晴

★回顾提醒

今日亮点：数学课思维活跃，学习、思考氛围浓厚。

今日不足：搬水果的课间混乱；英语课进入状态慢。

今天距高考还有12.5天，明天即将迎来高中的倒数第二次考试，我们还有最后一次面对低错并且安慰自己"幸好这不是高考"的机会，可是，当决战结束，一切就成定局。明天和高考有什么不同？我们现在的能力、心态是否达到自己的预期？如果明天就是高考，我们将如何面对？其实高考和模考没有什么不同，不会发生大脑突然死机的故障，也不会出现任督二脉瞬间打通的灵光，只需要一切按照常规进行下去，将题目从头做到尾，最终的成绩就会为这三年的付出献礼。

★高考动员

完全把明天当成高考，你就有了一次全真模拟的机会，决战时也会有一种亲切感。把握住这最后的练兵机会，祝大家在高考中取得佳绩。

距高考仅剩12天　值日班长：李靖

★回顾提醒

今日不足：早饭后略显嘈杂，进入状态慢。

今日亮点：数学自习认真高效。

今天距高考仅剩12天，最后一次小高考已然来临，高考备考也已进入最后的收官之时，此时我们一刻也不能放松，必须紧跟老师思路，认真做好每一个细节，相信高考一定不会辜负我们。

★高考动员

雨果曾经说过："黑夜终将结束，太阳终将升起，在上帝自由花园之中，我们将重获新生。"最后的12天就是黎明前的黑暗，是暴风雨之前的宁静。我们应沉得下心，坐得住板凳，打点好我们的知识行装，乘兴而去，满载而归。奋斗12天，6月花开，清北有我。

距高考仅剩11.5天　值日班长：赵举然

★回顾提醒

今日亮点：化学课紧跟老师。

今日不足：物理课比较乱。

二十模的硝烟尚未散去，不论刚刚那波团战你收获几何，都请立即回城补血，调整状态，因为明天还在等待我们。套用毛主席的话说，清北是我们的，也是你们的，但归根到底还是我们的。也许你现在状态欠佳，也许你大招未发，但请抬起头来看看眼前的倒计时，我们，的的确确，时间不多了。

二十模是最后一次全真模拟，是二十一模前最后一次加持，我们究竟离胜利还有多远？离你做梦都想的人、学校还有多远？不远了！不论过去怎样，我们都应以饱满的热情度过，以最清醒的头脑度过，6月8号过后，命运绝不会开你的玩笑。

★高考动员

不要让你的行动配不上你的野心，却又辜负了你所受过的所有苦难。

你本可以做一个咆哮世间的英豪，可却偏偏要收起爪牙当个废物。怪谁？

高考676必胜！

高考我们终将君临天下！

距高考仅剩11天　值日班长：杨博

★回顾提醒

今日亮点：考后不浮躁，有王者之气。

今日不足：考前浮躁，早饭到位太晚。

二十模的帷幕尚未落下，刚来衡中一年的我早已经学会考一科忘一科，作为在衡中奋斗了3年的各位更懂得专注当下的力量。英语诚然拉不开成绩，但150分依旧是150分，从130分飞跃到146分，完全可以弥补理数与理综中的种种缺憾。回望中犹记，上回某人对我说他理综高了另一个同学20多分，却被人家用英语和语文甩了30多分，高下立判。我想这三十几分约莫就是走向清北的临门一脚。那么，就让我们静下来，用完全的投入来助力优势科目为我们准备的那双登云的翅膀！

★高考动员

佛曰前生五百次的回眸才能换来今生的一次擦肩而过。最后一次总结，我想说，在花开的岁月中，来到衡中，来到676，遇到虽性格各异却总是敢想敢做、敢打敢拼的各位是我最大的幸运。

6月高考，就像《A战到底》的封皮上写的那样：“我们一定能上天！”

距高考仅剩10.5天　值日班长：杨柯

★回顾提醒

今日不足：考后语文课略显浮躁，未能彰显遇事不惊的王者风范；晚新闻发作业时略显杂乱。

今日亮点：反思及时。

二十模结束，迎战二十一模。

二十一模前的最后一次模拟也已落下帷幕，或喜或悲，都已成过往烟云，不必过分在意高考前的每一次模拟，真正重要的是6月7日、8日考场上的亮剑。今日的失落是为10.5天后的欢喜做铺垫，今日的辉煌也是为10.5天后的高考积攒信心。

★高考动员

回顾一年来大大小小的考试，再想想一年来的酸甜苦辣，我们已没有理由在这最后的10.5天中辜负青春。唯有专注专心、拼搏奋斗方能心安，唯有忘我做题方能无愧。

考试过后，反思为重，希望大家能够在深夜无眠时总结，为接下来的自主复习蓄力。

6月高考，676必胜。

距高考仅剩10天　值日班长：胡典典

★回顾提醒

今日不足：英语课上秩序较差；化学课前状态不佳；课间有些嘈杂。

今日亮点：课间找老师问问题的人增多；能及时解决问题。

二十模已尘埃落定，考后的时间不是用来为成绩或喜或悲的，而是用来反思的：反思考前是否提前进入状态，以饱满、专注模拟高考？反思考中是否考一科忘一科全力以赴下一科平稳过渡？反思做题时是否以拿高分为终极目标，策略应对考场上的变化？结果不能改变，能改变的是我们的态度。我们应该感激不太理想的成绩，它让我们没有机会浮躁，让我们及时发现问题，在高考时减少失误。

★高考动员

“不是路不平，而是你不行；到底行不行，看你停不停。只要你不停，你就肯定行。”这话虽很俗套却很现实，黑马从未停止狂奔，它力图力挽狂澜、赢得胜利。仅剩10天，只要我们备战高考的脚步不停，追求卓越的脚步不停，就一定能取得我们想要的美好结果。最后10天，让我们伴着老班的智慧指导，伴着任课老师的时刻陪伴，伴着家长的殷切期望，奋斗10天，血拼到底！6月高考，676必胜！

距高考仅剩9.5天　值日班长：郑文浩

★回顾提醒

今日亮点：物理课起哄现象变少，数学课积极主动，注意力集中。

今日不足：晚饭到位慢；下午大课间眼操期间多人随意走动。

今日有人感慨时光飞逝，似乎升入高三就在昨日。的确，岁月从来不等人，生活便是这样的，转眼间即是物换星移。你若不珍惜韶华，时间就会悄悄溜走。

时光如此易逝，我们又曾珍惜几何？不知你是否因为考试失利的频频打击而忧伤不已，不可自拔？不知你是否因为觉得自己的能力有限，便用“无所谓”来掩饰内心的空虚与惶恐？各位同学，9.5 天，说长也长，说短也短，如果你选择投降，这几天便稍纵即逝；如果你选择拼尽全力，那未来的 9.5 天将胜于过去的三百余天！

如果你认为自己的努力徒劳无功，那你请想一想阿兰·图灵先生！面对所有人的质疑与打击，图灵先生选择坚持下去，是他的坚持让“二战”欧洲战场至少提前两年结束；如果你认为你的希望渺茫，那请想一想霍金先生，听闻自己的病症，霍金先生坚强面对，用自信与自强写下家喻户晓的《时间简史》。

★高考动员

亲爱的同学们，还有 9.5 天，我们还有机会翻天覆地，请坚定地走完这段朝圣路。

最后，送上图灵先生的一句话：有时候，正是那些无人看好之人，成就了无人能及的成就。

距高考仅剩9天　值日班长：多小川

★回顾提醒

今日亮点：每节课都很认真投入。

今日不足：暂未发现。

今天距高考还有 9 天，是第一个仅用个位数倒数的日子，也是自主复习前最后有正课的一天，回望三年衡中生活中最后一场调研考试，展望马上就要来临的高考洗礼，如果你信心满满，认为高考胜券在握，清北手到擒来，千万不要忘记学长杨少帧的惨痛教训，不能心飘气傲，成为老师口中流传多年的反面典型；如果你有一些焦虑，以为现实已难改变，名校与你无缘，但不要忘记学姐李斯媛的绝地反击，高考结束前一切未成定局。

★高考动员

正确的做法就是珍惜这 9 天，这是高考冲刺最高效的 9 天，这是老师陪伴你的最后9天，这是你衡中标准生活的最后9天，这是你生命历程中第一个重要收官的9天。这9天千金难买、终生难忘，没有理由不重视，没有理由不珍重，没有理由不感动。676，高考必胜！

距高考仅剩8.5天　值日班长：李明哲

★回顾提醒

今日亮点：眼操时秩序良好；听大会秩序良好。

今日不足：物理课上说话的人较多；课间较乱。

伴随执行校长主持的最后一次大会，我们又迎来了的高三的“最后一次”。

★高考动员

高三的所有经历只有一次，在此期间对待知识的默默求索，对梦想的执着追求，对压力的默默忍受，都将是宝贵的人生财富。经历高考，我们将步入大学，逐渐走向社会，这股拼搏精神也将伴随着我们向前。让我们且歌且行，在高考路上坚持到最后一刻，静待6月花开。

距高考仅剩8天　值日班长：孙一婷

★回顾提醒

今日亮点：自主复习的第一天，大家进入状态良好，秩序井然。

今日不足：早饭后收拾东西较慢。

仅剩8天的时间，这种宁静的寂寞，你是否咀嚼并快乐地享受着？

我们总在强调坚持、奋斗、拼搏，却忽略了支撑我们走到最后的是什么，支撑我们的往往不是那近乎悲壮的执着，而是对学习哪怕只有一点的热爱。也许你会说：“整天做这么多题，我哪有时间感受知识之美？”可是你难道不觉得诗词、小说短小精悍，化学反应色彩纷呈，都是很美好的通往神奇世界的大门吗？

★高考动员

也许你现在经历着自律与安逸的双重诱惑，但君子慎其独，请严格执行拟定的计划，做到问心无愧。

“无冥冥之志者，无昭昭之明；无惛惛之事者，无赫赫之功。”凡成大事者皆蚌病成珠，偃蹇而后发，君当虚其室、正其心、诚其意、勤其体，练其知识，通其方法，达其能力，则高考大捷指日可待。

距高考仅剩7.5天　值日班长：张洪璨

★回顾提醒

今日亮点：自主复习及时，训练规范认真。

今日不足：课间及交流后无法尽早进入状态。

自主复习拉开帷幕，一天紧张的高考模拟做题训练后，你发现了多少问题，弥补了哪些漏洞？沉淀几许，收获几何？充满了自主的学习不应迷失于麻木刷题之中，有总结才有提升，有反思才能进步，及时的改错、总结是漫漫题海之旅的休整处。将今天的收获颗粒归仓、自信满满，对明天的计划胸有成竹、饱含期待，千万莫让黄金的飞跃期在麻木不仁中溜走，一定要使最后的冲刺在热血沸腾中蜕变升华。

★高考动员

每天有目标，激情四射；做题有目的，针对提升。及时训练提升了对高考的适应度，专题训练弥补了全面铺开的施力不均。各有所长，各取所需，不可偏废，莫要跟风。有自己的计划，做个人的主宰，一飞冲天非诸位莫属，绝地反击唯676称王！

距高考仅剩7天　值日班长：李东润

★回顾提醒

今日亮点：理综明显投入增加。

今日不足：仍存在课间浑水摸鱼现象。

★高考动员

无尽人生正在向我们招手，大家是否做好了准备？

一周的时间仍有着重铸灵魂的机会，请不要用浮躁掩饰焦虑，更别遁入空门开启“佛系”人生。正如德宸老师手书“智者享受孤独”，能否保持一种独狼般沉默而致命的状态，能否真正做到与自己对话，抛却难以抛却的，离开不舍离开的，将很大程度上改变这段通往结束的旅程。享受孤独，值得一试。

过去，我常慨叹人生苦短，可到最后才发现并非如此。同学们，请感谢你身边的每一位同学，是他们的陪伴让我们的高三生活不是在重复中无意识地逝去。这7天值得回味，因为它可以为漫漫前路铺下基石。低头修行，抬头做人，享受这最后一起度过的时光。

我还想再说一遍：“我愿意立刻向魔鬼屈服，难道我曾经不是魔鬼。”同学们，请给自己造就魔鬼般的内心吧，用它去感悟衡中最后的生活与无尽的人生，你会发现，人生如戏，可剧本还在我们手中。

无冕者终将为王！

距高考仅剩6.5天　值日班长：王乐童

★回顾提醒

今日亮点：找老师解决问题的人很多，讨论氛围良好，较为积极。

今日不足：存在浪费时间现象，难以较快进入状态。

★高考动员

现在的我们，对未来仿佛触手可及，又仿佛只是幻想中的泡沫，顷刻便可灰飞烟灭。我们终于走到了幻想多次的人生之门跟前，却又不敢开启它。

人生本就是一场不确定的旅行，你不知道今年理综是否继续去年凯氏定氮的难度，你不知道去年数学概率题般的计算是否会重现。如果散文出的像押题卷Ⅱ怎么办？如果今年的听力英音重现又如何？所有的不确定好像致力把无力的我们轻易击垮，但这不确定又何尝不是人生的乐趣所在呢？我们不需要套路的人生，正是一次次刺激紧张的考试给了我们追逐未知、发掘自我潜力的机会。

也许高考存在戏剧性，它不能合乎所有人的心意，但无论结果如何，无悔的过程才是值得你铭记的财富。因为有梦，所以春暖花开；因为相信，所以不惧未来。不要把希望寄托给奇迹，获得好运气的人凭什么是你？不要设想不存在的失利，让自己走向黑暗的永远是自己。专注当下，走好每一步，定能无悔。

高考当月

距高考仅剩6天 值日班长：韩双庆

★回顾提醒

今日亮点：讨论时积极问问题。

今日不足：换科之间的休息时间不够安静。

★高考动员

不愤不启，不悱不发，没有忍受过孤独和痛苦便难以有处变不惊的气魄。你对自己的目标若只是想想而已，那么它终究只是一个梦；你若愿意为了目标执着前行，它必将成为人生最精彩的一笔。

加油吧，少男少女们！

距高考仅剩5天 值日班长：张天池

★回顾提醒

今日亮点：安静投入，氛围良好。

今日不足：课间利用不充分。

5天时间，我们还能改变多少？不到高考结束一刻，我们都有改变命运的机会，我想强调的是状态的重要性：在知识层面，我们一同经历了高三一年的历练，付出了足够多的汗水，那么我们就该相信，我们在知识上不输给任何人，我们绝对拥有应对高考的能力。

★高考动员

水平相差无几，状态越发重要。我们都知道，考前和考中的状态决定了一场考试的成败。现在到了最重要的时刻，距高考仅剩5天，我们需要的是一个好的状态。高考时能否做到有条不紊、从容应对，全部要看这几天的准备。自主复习还有一天半时间，要把握每一刻以磨炼心态。

相信676每个人都能赢得高考、创造辉煌。

距高考仅剩4天　值日班长：徐海涛

★回顾提醒

今日亮点：晚新闻较为安静。

今日不足：晚饭到位有所下降，发水果时秩序混乱。

★高考动员

还有4天，首先想说的依旧是“加油”，高考不至，奋斗不止。我们即将迎来很多的最后一次：最后一次全真模拟，最后一堂课，最后一次午休晚休，最后一次跑操。的确，这值得留恋，但不值得重来三百多遍！“高分复读还是低分复读”虽然只是一句玩笑话，但若成为现实那就一点儿也不好笑，谁都不想再学一年，我们能做的只有把握当下、拼尽全力、不留遗憾。一路走来，风雨同舟。

其次我想说的是“感谢”，感谢大家的包容与体谅。我这个“半病号”在课上无尽的“骚扰”，在晚上无尽的翻身，在早上无尽的旷操，都被大家一一容忍，真心地感谢！当然，还有略带洁癖的老铁带来的整洁教室，才华横溢的老师给我们的顶级的课堂……由衷地感谢。

最后我想说成长。高考是人生历程的一个阶段，虽然有百般抵触，但终究还是到来。《平凡的世界》有一句话：“我不啼哭，不哀叹，不悔恨，金黄的落叶堆满心间，我已不再是青春少年。”这是孙少安蜕变后的感悟，我们终将面对现实，面对这世间，与其活在自己的世界，不如勇敢面对，拼他个昏天黑地，拼他个无怨无悔。

6月高考，676必胜！

距高考仅剩3天　值日班长：王赢锋

★回顾提醒

5天自主复习已过，两科的最后一课也已结束，相信大家已从中发现并改正了自己的很多弱点，解决了很多心态上的问题。虽不说能否创造奇迹，但相信都已拥有改变自己的力量。

★高考动员

希望大家能带着这份力量，心怀老师和家长的期盼与笑容，认真勇敢地面对3天后的最后一战。

距高考仅剩2天　值日班长：董博迪

★回顾提醒

今日亮点：讨论问题十分积极。

今日不足：秩序略显混乱。

自主复习正式结束，经历5天类似高考的洗礼，发现并解决自己的诸多问题，有低头做题的凝神沉思，有讨论问题的热火朝天，还有香甜可口的水果做伴……相信大家都收割了满满的获得感。无比神奇的自主复习，转瞬即逝。

回首三年，一起走过风风雨雨；再望当下，心中唯余珍惜。就像语文老师说的，“相遇便是缘分，不管是关系一直融洽还是偶尔的矛盾摩擦，若干年后，回忆高三，心中必是充盈的幸福感。”我们即将迎来许多的最后一次，但最后一次不是拿来感慨的，而是用来珍惜的，珍惜我们还能一起听的课，珍惜还能一起笑、一起闹的同学，珍惜同宿舍的情谊，更珍惜所有为我们无私奉献的老师。

★高考动员

高考这一场没有硝烟的战争已近在眼前，不管会不会失眠，不管会不会焦虑，那都是我们注定要经历的，我们注定要借高考成长很多。真的应该感谢高考，不然，我们都不知道自己有那么大的潜力、那么震撼的力量。只愿，未来的你，都像今天这般蓬勃。

只要高考英语考试的铃声未响起，就不要放弃任何一丝希望。每一分都重要，你可以改变命运。状态可以调整，知识可以完善，只要你的心脏依然跳动不息，就应该相信奇迹。

距高考仅剩1天　值日班长：贾方石

★回顾提醒

所有的一切都已临近尾声，开始了高考前的最后流程。对于这最后的一天，我们可以做些什么？我们可以进一步体会语文高考题的手感，可以进一步预测数学各题型的技巧策略。最后一天我们只要保持思考，仍有可能顿悟，仍有可能豁然开朗。

★高考动员

高考是一场分流，有人将不同的高校比作不同的平台，也就是一个一个的台阶。考好了，固然得意，站得高，看得远，本为常识；失利了，也无须妄自菲薄，毕竟几厘米高的台阶无碍于巨人的高大。怀着对自己和人生的自信出发吧！带着“彼可取而代之”的信心轻装上阵，怀着“举世誉之而不加劝，举世非之而不加沮”的心态归来。愿诸君高考旗开得胜！

Part 2

学生高考后学习经验分享

——我们班这样考上名牌院校

985、211高校

（京）清华大学

★李东润

高考很大程度上与套路有关，这个套路既是学科内容的，又是考试本身的，更是整个三年高中生活的。对待高考，我认为很有必要将复杂问题简单化，以找到其中的套路。

如果将高考分为文理两种，数理化是理，语英是文，生物介于二者之间。我介绍一下理科的套路。对于理科我们不难发现其中的规律，即本学科的各类题型及其相应的知识点与各题型之间的关联。对待数学、物理一定要有自信，有的时候怀着自信与轻松的心态更能解决难题。找到各种题型的通用解解法或是自己最熟练的解法这很重要，这样我们就不必因每道题都重新思考而耽误时间了。

1. 数学

数学知识点比较简练，题型也基本固定，找到题感就能很轻易地在考试中获利。数学虽然看着很难，并且难以接近，但我们应该怀着轻松的心态去接受它，而不是抵触畏惧。

2. 物理

对于物理，我们应该认识到它是由公式支撑的，列对公式，再进行仔细计算，所有问题都能解决。有时是一瞬间的灵感与严谨限制了思路的延续，所以充分利用条件并进行模板化答题能帮我们轻松解决大部分问题，剩下的难题需要在磨炼技巧中找寻灵感。

3. 化学

至于化学，其实就是在刷题中寻找感觉和技巧，多练习、多总结，大部分问题就会迎刃而解。

总之，学习理科是很模式化的，可以在大量的练习中得到经验，不过我们还应主动些，保持良好态度，勤加练习总结，为提升成绩努力。

★王奇

1. 改错本

个人认为写改错本是为了写一遍就能消化吸收，而不是为了以后再看，因为以后基本没时间去看改错本了。所以写改错本切莫应付，题也不一定非要裁下来粘贴，也不要寄希望于以后再把题弄懂，而是要有一种“我改了就会了”的心态，把错题一次性消化掉。

2. 课堂

四十几分钟的时间极其宝贵并且很重要，切忌闲聊、起哄、长时间走神。会的题要听老师的解题过程，找到解题的最优方案；不会的、做错的题要听思路、听方法，纠正自己错误的思路。数学、物理着重听模型（数学的球内接四面体模型、异面直线模型，物理的板块模型等）；语文、英语着重听思维过程、原文出处、知识点累积；化学、生物着重听陌生知识点，然后课下翻课本掌握。

3. 学案改错

可以兼得，如果非要排前后顺序，那学案（个别学科自助可能也当学案）大于改错。学案预习得是否充分决定了上课效率是否高，所以课下优先高效完成学案，然后找时间进行改错。改错不是越多越好，而是越精越好。课上多消化，把 80% 的题和知识点弄懂，这样课下只需要攻克那 20% 没听懂的或者听懂但思路比较复杂并值得再写一遍过程的题目。

4. 应试心态

考前不必过分紧张，心态放平和，全身心投入复习，不想结果如何；考中不疾不徐，不过分追求速度，也不过分谨慎犹豫，相信自己做得都对，不管如何干扰都能坚定不移，做到“一切全抛开，唯有我存在”（老铁名言）；考后不对答案，迅速进入复习状态，考一科忘一科。

5. 刷题

要有目的性，而不是见题就刷。比如：数学选填很弱，老是做 1 小时，那就找小题练习，或者找套题来刷小题，练速度和熟练度（这在高三二轮、三轮很重要）；物理板块模型很弱，那就针对性训练这一题型；英语基础薄弱，那就不要盲目刷题，因为刷也没用，还不如静下心来复习学过的语法（利用语法书、改错本），并且课上高效吸收老师讲的知识点，不要把问题一下拖到高考前夕再着急。

6. 课本

基础知识很重要，特别体现在语文、化学、生物上！关于语文，文言文甚至是诗歌中的实词都可能出自课本，所以跟着老师的安排复习文言课文实词；化学第7题和选修会出现大量课本知识点；生物最能体现回归课本的意识，比如2018年高考出现了收割理论的内容，2017年考查内环境稳态的意义，所以课本黑体字、小字、本章小结、科学视野等几乎所有内容都必须熟稔。复习课本可以依靠做题查漏补缺（做题遇到不熟悉的知识点，课下立马翻课本复习），或者有计划地回归课本进行查漏补缺。

最后，一定要相信老师，切莫一意孤行，狂妄自大，跟着老师的步伐走。老师的经验要比学生多得多，上课所讲也是认真备课、研讨的成果，信任老师才能水到渠成。

★张天池

1. 平时

做好积累，坚持不懈；提前计划，明晰任务。

2. 考前

沉心静气，计划复习；保持心情愉悦。

3. 考中

不紧不慢，把握节奏。谨记我难人难、我易人易。

★孙涛

回想自己的高中生活感想颇多，作为一个既不是大神却也自认为有一些能力的人，一路走来，经历了很多挫折，最后也到了该到的地方，要问我有什么方法，我想说没什么方法，总结起来无非八个字：“坚持不懈，直到成功。”

从奥赛飞签的错失，再到决赛的失利，当不得不回归高考，面对的是数学不会做，理综做不完，英语、语文成绩一塌糊涂，我相信这是每个高一、高二没打好基础的同学上高三的真实体验。当拼命试图补上落下的化学、生物知识点，搞懂原来一见就躲的数学选填，但成绩始终在600名出头挣扎，名次永远在四位数上稳定，便无数次怀疑自己，无数次想要放弃，甚至烦躁易怒、心态炸裂。但是无论如何，我没有放弃，即使成绩依旧爆炸，卷子从来没做完过一半，但我可以保证做过的每一张卷子上的知识漏洞我都会补上，每一个低错我都分析了原因，即使只有一句话我也会写到改错本上。我最后的心态是高考考多少分都可以接受，至少我做到了问心无愧。

当高考成绩出来的时候，我发现这比我高中的最好成绩高了40分，我丝毫不感到惊讶。我觉得我的成功源自我从奥赛失利中吸取的教训。在奥赛中我喜欢钻研难题，研究更深的理论，却从来不重视简单题、经典题，当今天的奥赛明天简单化，我的失利便变得理所应当。有了这样的经验教训我在高考的学习中便不再对着难题钻牛角尖，而是将更多的精力放在了简单题如何防止低错，常见题型如何提高熟练度，如何将知识点牢记于心。当今年高考题简单化时，作为一个平时的低错狂魔，我仅仅低错了3分。从我的经历来看，对于备考，心态一定要虔诚，备考奥赛时我就是自认为精通了原理和方法却忽略了降低低错而导致失利。在高考备考中，因为高一、高二没好好学，啥也不会，因此不得不放下内心的高姿态和优越感，做了一只不管有多慢却一直在努力的乌龟，反而在高考中拿到了一个不错的成绩，所以我觉得高考也许没有所谓的秘诀，那些所谓的学霸不过是把简单枯燥的事做好做稳，面对挫折不退缩，坚持不懈，直到成功。

最后我想用一句也许有些矫情的话结尾：我不负高考，高考何以负我！

（京）北京大学

★王乐童

高三对所有人都是一次历练，无论是在知识上还是精神上。

向往光芒时往往有暂时的黑暗，在深海中找寻梦想中的微光，相信自己37兆细胞的力量，终将看到未来像朝阳下的海面一样璀璨动人。迷茫彷徨的时候，刷题吧，让自己迷失在思维里，直到有一天，所有的题型和知识点都如故人，亲切熟悉。

成绩与分数都如海面的浮标，波动是常态。困顿中，具备水滴石穿、登高临远的不甘；如意时，要有深潭微澜、不拘一格的傲岸。相信自己，谦恭前行。

（京）中国人民大学

★王润一

学习本身就是一个过程，这个过程在高中主要有两部分：备考和应考。

1. 备考

备考又分四部分，预习、听讲、复习、反思。在备考过程的前期和中期，知识大于心态。预习是对概念有初步的了解，虽然可能无法领悟与运用，但至少可以在脑海中留下印象，为听讲做铺垫。听讲是关键一步，是在预习中初步认识的基础上结合老师的讲解，可以理解概念本身（可能理解起来很困难，毕竟是新知识），而且可以进行简单的类比运用。之后的复习也可叫作练习，用习题来巩固自己对知识的理解，并提高运用该知识的熟练度。这是备考的重点。最后的反思是将习题中自己不会或不熟的部分反复“吊打”，再次去碰触，来提高对模糊知识的熟练度，这是一个扫尾的工作。反思中还可写下自己的感受和心得，以便日后去模仿学习的状态。在备考的后期（即考试前夕），心态的重要性超越了知识，此时应不再过多顾及知识盲区，而应将最多的精力向下面提及的心态上靠拢。

2. 应考

考试过程中，心态对一个好学生是否得高分会产生巨大影响。如果将心态放入温度计中，低端是完全放松，顶端是完全焦虑与紧张，那么我认为最好的心态值应在温度计中间偏上区域。首先应正视一个误区，好心态不等于放松。再好的学生，放松下来也未必能答完一套较难的试题，毕竟审题和运算都被套上了减速。真正的好心态是放松和焦虑的结合体。放松体现在对自己的盲区的淡然、对考试成绩的忘却、对之前考试失误的无视上。这里所说的焦虑不是急躁，而是全神贯注。眼前是这道题，脑袋里也只有这道题。心态之外是技巧，技巧可以辅助心态。跳过难题，既避免自己因纠结而焦虑，又防止因后面答题时间少而担心，这并不是坏事。

总而言之，我认为学习即是在平和中进行全神贯注的过程。

★卢天杨

我认为高考是人格的较量：有大视野，向顶层靠拢，看到优秀者的生活方式，保留学校之外的生活与兴趣；有大格局，不应付近期的考试，而应着力于长远能力的提升；有大胸襟，成绩起伏自有定力，自信从容步入考场。

我建议备战高考需遵守：务实坚韧，有魄力，友善待人；生活整洁，好好吃饭；学习上要对自己负责，该严肃时严肃起来。

（京）北京航空航天大学

★史文菲

衡中三年，尤其是高三一年，我学到很多东西，在此分享给学弟、学妹。

1. 计划性与执行力

二者经常发生冲突，在落实的时候，计划要干完的事总是因为和拦路虎周旋或是效率达不到预期而干不完。后者更经常吧。如果完成计划的时候不够自信，不逼自己，计划就很容易泡汤。

那些对做计划者的明细要求，大都是建立在效率最高的基础上的。实际上能达到预期效率的人，据我所见并不多，也并不总是能达成。尤其是在衡中，我列下高密度的计划，也时刻面临着小宇宙爆发的效率挑战，但每每以战败告终，总是耗我一分自信。

做计划时留出一点儿剩余量，可以适应变化。坚持挑战 100% 的专注度，会更长效。

2. 解决方案明确可行

当德宸老师要求考后反思写出解决措施的具体量和执行时间，当老铁指出哪一步跳了，哪个图形应该先画哪条线、往哪边偏一点儿时，我感到目标非常明确，手臂充满力量，干劲儿和信心一并涌出。

★王赢锋

化学可以说是一门兼顾了文理两种思维模式的学科。高中的化学学习更加注重的是知识的积累与应用，而不是单纯的记忆。学习的关键不是背诵，而是掌握方法，并可以做一些宏观的概括，很多命题都是由现有知识进行推广的。总之，你既需要有一定的知识储备，因为知识是你做到“厚积而薄发”的重要先决条件。与此同时，也需要你做现场的分析及思考，需要你挖掘试题的信息，获取信息当中所透露出的线索，包括图像、表格、数据等。在此，我为同学们列出高三化学“三宗最”，希望我们这些过来人的经验为大家的化学复习有所助力。

1. 最能体现化学精髓的是基本概念与理论、元素化合物，这一部分需要一定的记忆，也需要宏观上的归纳和总结。

在化学中，我们需要通过求同存异、排除他因，找到其内在的因果关系，并总结成规律进行记忆，从而将大量的信息进行整合。如通过对几个特征元素的电子排布方式的研究，得出轨道的能级次序，又比如了解某一元素的性质，根据其在元素周期表的位置推出其他物质的性质，以少量记忆（只需记住能级次序）取代大量背诵。

2. 最能体现化学本质的是化学实验，这一部分是高考的重点和难点（是高考化学失分的集中部分），这是由化学学科的本质决定的。

化学是一门与实际生产生活有着密不可分的联系的学科，我们所学的化学知识在生产实践中有着广泛的运用。化学实验题给我们提供了一个简单的平台，使得理论和实践相互结合。化学实验首先要明确实验目的，探究实验方法背后的原理，有逻辑地进行一步步探索和研究，并能做一定的评价和改进。所以在学习中，要注意实验和器具，了解基本操作，搞清所包含的科学原理，注意实验器具的巧妙构造并加以比较。还有，尽量在繁忙的高三学习中，抽出时间到实验室做几次探究实验，在老师的指导下，通过亲身实践理解实验的本质。

3. 最能体现化学素养的是化学计算，它几乎包含了化学知识的所有内容，对思维要求很高。

围绕化学计算的一大精髓是“守恒法”——元素守恒、质量守恒、电荷守恒、电子得失守恒，在平时的训练中要注重归纳总结，能够举一反三、触类旁通，通过化学计算综合题的训练，你的化学素养会进一步提高。

学好化学，需要基于课本内容，扎实基础，并通过背诵、归纳、理解、推论，最终化为己用，这样才能立于不败之地，高考自然也不在话下。

★蔡梦璐

个人成绩一般，仅供参考，结合学弟学妹自己的实际情况最佳。

1. 数学 / 物理

大量做题，保证各种题型都见过、做过，可快速做对。

2. 化学 / 生物

注意背熟课本基础知识。

3. 语文 / 英语

练字很重要，套好模板，背单词、背名言、背熟基础知识，抓住课间、排队等零散时间。

另外，刷题和改错都很重要，不能盲目刷题，最开始广撒网，各种题型来一遍，争取举一反三，可以看看偏、难、怪题，找到自己薄弱部分多练习。

还要记住，改错与做错题本不是同一概念。改错最好是对答案后就找出错因以后不犯，在脑中搞定。做错题本不要花大量时间抄题写完整步骤，而是记下错因，题目陷阱，不熟练的知识、思路盲点。做错题本的同时就是加深记忆，保证第一次写下来就记住，因为以后很少有时间再翻错题本。

千万要关注课堂、紧跟老师，上课别自己“单干”。

最后强调一句：不要偏科，不要不重视语文、英语。

★范媛媛

我们都知道学习方法正确就会事半功倍，但往往我们会经历一段或短或长的摸索期才逐渐形成一套属于自己的高效的学习方法。我在这里暂且介绍一些本人认为较有效的学习方法，仅供参考。

1. 课堂紧张高效

（1）课堂走思要扼杀在摇篮里，多说多写是避免走思的最简单却最有效的方法。眼睛盯着黑板，手里握着笔，思维跟着老师，屏蔽一切无关的闲思闲想。

（2）课上能解决的问题绝不留在课下，形成自己专属的笔记方法，重点突出，疑点一目了然。

2. 自习井井有条

（1）自习课是整理改错、自主预习、自我提升的主要时刻，一定要高效利用。

（2）做好计划，列明任务，先后有序，不疾不徐，不赶任务，不游离低效。

（3）首先，高效预习，避免盲听。其次，整理改错，消化吸收，不二错。最后，有针对性地提升。

3. 态度不骄不躁

一点一滴、踏踏实实，一步一个脚印地做好每天的任务，不在题海中迷失自我，不因一两次失利放弃自己。不求结果，只问过程。

（京）北京理工大学

★张洪璨

1. 要有主动学习的习惯

别人不督促也能主动学习，一学习立刻进入状态，力求高效率地利用每一分钟。要有意识地集中注意力学习，并能坚持始终。

2. 及时完成规定的学习任务

要在规定的时间完成规定的学习任务，把每个规定的学习时间分成若干时间段，根据学习内容，为每个时间段规定具体的学习任务，并要求自己必须在一个时间段内完成一个具体的学习任务。这样做，可以减少乃至避免学习时走神或注意力涣散的情况，有效地提高学习效率。还可以在完成每个具体学习任务后，产生一种成功的喜悦，使自己愉快地投入下一时间段的学习中去。

3. 要有认真听课的习惯

上课时，老师不仅用语言传递信息，还会用动作、表情传递信息，用眼神与学生交流。因此，上课必须盯着老师听，跟着老师想，调动所有感觉器官参与学习。能否调动所有感觉器官学习，是学习效率高低的关键性因素。上课要做到情绪饱满，精力集中；抓住重点，弄清关键；主动参与，思考分析；大胆发言，展示思维。

4. 要有课后复习的习惯

课后一定要先对每一节课所学内容进行认真的复习，归纳知识要点，找出知识之间的联系，明确新旧知识之间的联系，形成知识结构或提要步骤式知识结构。主动询问，补上没有学好的内容。对不同的学习内容要注意交替复习。

5. 定要有及时完成作业的习惯

按时完成老师布置的作业和自己选做的作业，认真思考，认真书写，一丝不苟。作业错了，要及时改过来。

学无止境，在学习过程中既要善于总结自己的学习经验，也要善于借鉴他人好的学习经验为己所用。

（京）中央财经大学

★许家欣

一颗宁静的心是学习的前提，踏实是学习的保证。对于一些记忆性的科目，勤翻阅、多背诵比每天刷题更见效果。对于一些思维性较强的科目，必须要思考到位，否则再多的刷题也只能是浪费时间，给自己心理安慰罢了。老师总是说态度最关键，一个人真正的改变是从他真的想主动改变开始。两年的化学偏科曾让我觉得化学也就这样了，我可能就是不行，但走到高三，老师告诉我已经没退路的时候，我只能去改变，只能比别人付出更多。那段没有快速成效，默默付出哭完之后继续坚持的日子让我摆脱了偏科的烦恼，甚至让我尝到了在前列的甜头。

每一个到达目标后的轻描淡写，都隐藏着无数日夜的默默耕耘。一颗平静淡定的心，一种言出必行的执行力，无论结果如何，过程足够珍贵。

（京）北京邮电大学

★马培轩

当你第一次拥有“衡中高三人”的身份时，这才是真正意义上衡中生活的开始：5 分钟的吃饭时间，近乎奢侈的洗漱时光，公共自习任务多到不知如何下手的尴尬时刻，学科任务拆了东墙补西墙的无奈局面，模拟考成绩起起伏伏也要硬着头皮向前冲的大义凛然……的确，高三确实是上面所说的那样任务多、压力大，但我们不一样，我们是衡中人，我们是做题专家、考试能手，我们有着极强的心理素质，我们有最强大的后援——学校、家长都在为我们倾力奉献，我们需要做的，就是万念归一、专心求知，成为一柄尖锐的矛，无往不胜。

如果哪位学长说高三真是一场顺利的旅程，那么他百分之五十是在说谎，百分之五十他的高三是混过来的。期许一个鲜花盛开的高三是不现实的，真正的高三是残酷的，是危险的，但收获与回报也是呈正比的。我们需要做的，就是看清高三看清自己，看清脚下的路。

1. 明白你自己的现状

衡中绝不是一个保险箱，实验班也不是护身符，看一下往年的录取情况你会发现，那些你朝思暮想的大学只被实验班的一半人和普通班的不足五人占有，再看一下河北省总考生人数和一本率，“985”“211”的录取率，你就会发现你为梦想奋斗的道路绝不是一帆风顺的。何况高三拥有着综合合卷的契机，在时间短、题量大的情况下，有人不堪重负以失败结尾，有人乘势而上力挽狂澜，起伏不定的生活充满了不确定性。但你要牢记，衡中从来不缺少奇迹，我们选择衡中，因为我们相信奇迹，所以我们也应该为了奇迹而坚持奋斗。苟且度日是侵蚀我们的致命伤，咸鱼翻身才是我们的信念。

2. 树立一个高远的目标

我们的班主任“老铁”多次在班会上强调清北的价值、资源和平台，相信你们也都知道跳一跳才摸到的“苹果原理”，所以心中应当牢记永远不要在自己的舒适区内得过且过。如果你每次小考、周测、大模拟设定目标时都为自己留有后路，那你永远不会知道自己能走到哪里，并且那颗勇往直前的心会在一次一次微小的退步中变得麻痹。当你认为考这些分就是理所当然，考成这个样子就很满足，那么你恐怕永远不会和清北有什么交集，这时便是“在舒服中死去”的前奏了。老师们总说，如果你目标定在清北，最后发挥不好也能考个人大，其实是在告诉我们心中有目标、脚下有力量、眼里有方向。六科照着满分考，大学向着清北冲，精神有了这种信念，身体才会不断开发出与之匹配的行动，如此，才会在奋斗中不断提升自己，寻找到自己的身份与梦想。

3. 相信

相信学校，衡中有无比强大的辅助后台，无论是试题搜集、开发新题、把脉高考或是任何方面，衡中的速度和力量都是其他学校难以想象的。相信老师，每一位衡中老师都尽心尽力为学生付出，在高三巨大的压力下，各位老师选择了将自己的精力奉献给学生们，他们早早乘班车到学校与大家一起跑早操、上早读，课间面对同学的追问恨不能再多一秒钟去为其讲解，哪怕是周末也在规定的时间到位值班各司其职。他们用汗水和真心，用经验和学识，点缀了每一堂精彩的衡中课。相信自己，不可妄自菲薄，我刚刚进入衡中时，只不过是普通班的十五号，第一次调考甚至考到了两千多名。我一直坚信我可以做得更好，我要让曾经嘲笑我的人哑口无言，于是我选择了不断耕耘。从普通班的十五号到三号到二号，再从实验班的五十二号到四十四号到三十号，我用高中两年证明了小人物也有逆袭的时候，虽然在高三我的成绩也起起伏伏，但无论多少失落打击，心中不变的是对成功一以贯之的渴望。高考时我也是正常发挥，算是对自己三年的辛苦付出有了一个交代吧。

也许有人诟病衡中的种种方式，但我想说，衡中的体系是科学而合理的，它教会了我在黑暗中寻找光明需要的能力，也让我看到了真正的自己，让我完成了蜕变，让我的人生与众不同，让我的生命在奋斗中不留遗憾。没尝过苦，就不知道最后的甜有多么美妙。愿正在就读的衡中学子在衡中可以不负韶华、传承薪火、再创佳绩。

（京）对外经济贸易大学

★穆静阁

三年来，我觉得最重要的是坚持，无论成绩得失，都不能忘记初心，即使累到怀疑人生，也要继续重复每天从5点40分开始的奋斗！所以坚持一种态度，一种在衡中追求卓越的校训下努力再努力再努力的宝贵传承。还有就是保持良好的心态，尤其高考之前，不要总想与考试无关的事，不要总想自己的心态是不是处于崩溃的状态，一颗平常心是最重要的。

（京）中国农业大学

★张彤

高三的大量的公共自习、大量试卷意味着需要更加科学的学习方法。

1. 课堂

（1）课前按老师要求准备好相应资料，减少翻找东西浪费的时间。这一点在高三后期体现得尤为明显，有些同学一节课，需要找三四次东西。

（2）高三后期试卷一批又一批，老师没办法挨着讲。讲得不及时的情况时有出现，这时最好的办法就是紧跟PPT，努力回忆题境。

（3）简单的题、做对的题要多听思路，增强思维的熟练度，切忌走神，或者做其他的题。

2. 自习

（1）计划很重要。高三公共自习多，效率高低对效果起决定性作用。拿出几分钟决定学习哪几项任务，分别用多少时间。适当多制定一些任务会让自己有紧迫感，注意力更加集中。

（2）自习考试化才能高考平常化，这是衡中的一大宗旨。把每节自习都当作高考，最后高考时真的就会觉得是一次日常的测试。

（3）大块儿时间一定要给数理化，练字、写札记可以用零散时间。

（4）高三后期改错会与做新的练习题冲突，我的经验是先改错再做题。高三本来就是发现问题填补缺漏的，明知有错不改，就是错过了捡分的机会。错题一定要独立地再重写一遍。

（5）草纸规范使用，标上题号。草纸尽量试卷化。这点要有意识地练，后期我们班同学几乎都可以做到。草纸规范可减少很多因书写潦草而产生的错误，并且有助于发现计算中经常出的小毛病。

（6）一次最多做两件事，贪多容易错。

3. 关于考试

高三考试密集、频率高，虽然不可能真正做到宠辱不惊，但也应尽量避免情绪有大的波动。只要不是高考，一切皆有可能，及时总结或成或败的原因，查漏补缺才是关键。

（津）天津大学

★何晨旭

6月花开，又是一年分别季。战友们，这不是永别，这是为了更好地重聚，也许有一天，我们又一次齐聚衡中，发现彼此事业有成，家庭幸福美满，那时候的欢乐，我向往……

作为学长，自然有很多话对学弟学妹们说。高三路还很长，期间有多少痛苦只有自己走过才知道，然而，说是痛苦，但若能自得其乐，你会发现所有痛苦都是上天对你最好的赏赐。考试中的得与失要做到心中有数，尤其是高三后期，你的成绩会出现大幅度震荡，这时候就不要再关注无聊的成绩了，唯一应该关注的就是你的心态以及考试中暴露的问题，这一点万分重要。

考试中一定要做到“一切全抛开，唯有我存在”“别人踹你一脚你都不知道”（老铁名言），当你真的投入考试中，你会发现分数出来的那一刻成绩真的不会差。只要一次考试状态好了，你就会对考试有信心，这也是治疗考试综合征的最好办法。去冲吧，别被眼前困难羁绊，只为那个简简单单的大学梦。

★贾涵茜

高三是我收获最大的一年，高一、高二时的我自以为足够努力，尤其是在弱爆了的物理和化学上，学不会的知识也归咎于自己智商不够。高三让我重新认识了自我，重新认识那个只要想就可以学会任何东西的我。高三后期的很多次考试前我都彻夜未眠，但用那股拼了命地想赢、想用成绩证明自己的信念，一次次意识清楚、从未困倦地完成了考试。

班主任陈铁乱老师改变了我很多。曾经我不爱主动与老师交流，只是安安静静活在自我的世界中，荒谬地以为凭自己可以拯救自我，然而直到高三后期连续退步刺激到我，我才真正敢于拿起考试试卷找老师面批。可能很多人像曾经的我一样，认为面批并不能起到实质性作用。后来平均成绩上升让我意识到，你可能无法得到试卷上的一分，但是从心底你会重新收获自信，明白即使灰头土脸，仍有人为你加油鼓劲儿。

曾经的我把自己放得很低，不敢说出自己的目标，害怕别人嘲笑；不敢和成绩优异的同学交流，觉得他们会看不起自己；甚至将老师与自己的关系视为上下级——我尊重你就够了。我必须承认，第一次班会，陈铁乱老师让每个人说出自己的目标时，我甚至没有起身，当问到谁还没站起来时我依然没有。慢慢地我懂得，目标是激励，害怕被嘲笑，永远不可能翻身。

我很庆幸可以在衡中度过高三，也很庆幸遇到陈铁乱老师——那个曾经改变我性格的人，让我发现自己问题的人。即使曾经676人共同为同一个梦想努力的日子不再有，即使在大会上扯着嗓子宣誓的场景已逝，即使在操场上顶着晨光声嘶力竭“高考必胜”的我们终会散场，但衡中的精神让我永生不忘，衡中教会我什么是努力，什么是无限的潜力。

敢想敢做，敢打敢拼！

（津）天津医科大学

★杜典

进入高三，主要的任务就是复习备考。高三的学习安排会比高一、高二更加紧凑，因此首先要明确各科老师在接下来一年里的安排，以便自己跟上老师的进度。在高三，最忌讳的是老师讲一套，学生自己另外搞一套，这样只会得不偿失。相信老师，配合老师，是我们的必须之事。

在高三繁忙的学习任务下，偏科的现象更容易发生，这需要我们计划好每一天的学习，约束自己均衡地完成各科的任务。对于学习计划的制订，最重要的是张弛有度。过松的学习计划不利于充分地利用时间；过紧的学习计划则难以完成，容易产生负疲感，影响情绪；最好是各科大致上安排好时间的情况下再有一个小时的机动分配时间，以应付特殊情况。安排计划时，用脑方式相近的工作应该分隔开，比如说按“背英语单词，做数学题，背文言文，做物理题”的顺序进行，以合理用脑，提高大脑效率。另外，还要充分利用好时间的“边角料”，如饭前、睡前等零碎的时间，做一些零散的复习工作。

由于高三是用不足一年的时间来复习高中三年的知识，因此不断地回顾复习过的知识点，避免遗忘，是很有必要的。这里有两种回顾方式，一是课后对复习的知识做一次小结。我个人比较习惯课后利用中午和自习课的时间及时小结，这种小结不用花太多时间，大多数是思考课堂上还未弄懂的问题，或者是对课堂上复习的知识进行梳理。这个过程与高一、高二的复习是类似的，但在高三就显得更为重要了。二是做一些前后知识综合的题型，在复习后面知识的同时回顾前面的知识。

在一环扣一环的紧张气氛中，身体和心理是复习备考的重要条件。身体是学习的本钱，倘若感冒个三五天，学习效率必然受到影响，失去的时间也难以弥补，更不用说住院了。为此，我有如下建议。

1. 加强体育锻炼，最好的方式是跑步。

2. 每天保持足够的睡眠，要明白“开夜车”并不会为自己争取到更多的时间，仅仅是在攫取第二天的时间罢了。

心理状态的平稳是顺利复习的重要保障，以下是我自己调整心理状态的几点经验。

1. 多做深呼吸。

2. 多让自己微笑。

3. 正确地认识自己，给自己一个恰当的定位，不卑不亢，不为自己制定过高的目标。

4. 多为他人着想。虽然自己是高三学生，学习任务重，但不要总是以自我为中心，多一分包容，多为身边的亲朋、同学着想，自己的心也舒坦。

5. 高三的大型考试比较多，不要太在意每次考试的分数与名次，应该清楚只有高考才具有决定性，只要自己完成了该阶段的复习任务就应该为自己高兴。

6. 大气。清楚自己每一个阶段的主要任务是什么后，排除杂念，一心一意地做好自己该做的东西，不要为琐碎的事情作茧自缚。

在高三的最后阶段，高考分数的增长点应该放在三个方面：一是审题，二是规范，三是错题。审题是开局，一着不慎，满盘皆输。规范是得分的保障，如果答案意思正确，但表述不规范被扣分，实在冤枉。回顾错题，是对自己过去劳动成果的充分利用，也避免将来后悔。

高三的题目做多了容易产生思维定式。比如说看到与做过的题目类似的物理模型，心头一热，暗自窃喜，用过去的方法照常做，却做错了。题目之间有细微的差别，为了走出这个圈套，我们必须对每道题都具体分析，切不可想当然。

以前常听人说高三是地狱式的训练，走过这一年，我却并没有感受到地狱式的压迫。我认为，只要分清主次、合理安排，一天一天走过来，你会发现高三是充满挑战与激情的。

（辽）大连理工大学

★周怡宁

高考以迅雷不及掩耳之势袭来，又轰轰烈烈地逝去，可能每一个过来人都有“再重来一遍，我将如何如何”的感慨。如今，我也斗胆以学姐的身份叨叨几句。

1. 关于改错

高三时间紧张，改错和做新题之间的矛盾会越来越尖锐，建议不必题题都在改错本上整理，只需整理老师重点讲的典型题。改不出来的题不需要花过多时间纠结，通过询问解决问题，节省时间，也不必粘贴。重点不是一道题的题干而是方法。

2. 关于反思

大考过后必反思失分项并找老师分析。名次本身无意义，我自己因成绩长期低迷，有段时间只顾颓废忽略了反思，这非常可悲。心理的失败比成绩的失败可怕千百倍。

3. 关于时间分配

公共自习不要单干，越到后期越是这样，大家都做的题你不做，日后一定会后悔。语文、英语的任务不要总赖着不写，这两科凭高三一年的积累可改变全局。

（吉）吉林大学

★李轩

都说高考难熬，其实到了7号、8号候考的时候，完全没有什么紧张的感觉。双庆也跟我说："我没有一点儿高考的感觉。"经历过大大小小的模拟，不说曾经沧海难为水，也可算得上坦坦荡荡去面对这最后一次战斗了。

回想起高中这三年，从66号到30多号再到45号，在强者如林中占得一席之地难如攀登蜀道，因此我的心得不足为训，仅为一孔之见。

1. 强大的内心很重要。

当考完后回实验楼时，一哥（王润一）说我有一种洒脱的气质（羞涩……），说到底就是平常心，啥都不想，啥都不管，但又不是佛系的那样一种玄妙状态。我一直坚信，凡事都讲求一个度，太拼了容易看不清前路，太淡然了又缺少一种恰同学少年的书生意气。宠辱不惊，闲看庭前花开花落；去留无意，漫随天外云卷云舒。总之，心态很重要。

2. 要像对待女朋友一样对待数学，要像对待祖宗一样对待理综。

我高考失利就是因为这两科啊！在考试过程中，时间紧、任务重、分值大，这是理科生决胜考场的制高点，拱手让人绝对不明智。

3. 要有一些情怀。

浪迹于书山题海，徘徊于解析导数，不知别人如何，我是难以持久地将刷题坚持到底的。语文的窗口时评美文、英语的自助……都是偷得浮生半日闲的放松机会。过刚则易折，没有必要天天刷题把自己弄得神经兮兮的。需要提醒的是，不能只停留在读上，最好落实到笔墨（札记本、积累本）上，也就不愁没有作文素材了，稍做停留再投身数学理综，效率更高。

我们是从五湖四海而来的射线，汇集在衡中一点，幸与你们相遇，此生不忘。

走出这一点，无论今后有交集，还是彼此是空集，我都真诚地祝福你们。

衡中那么多班，但秋实楼的676却是我唯一的回忆。

（黑）哈尔滨工业大学

★李尚宇

一切都是最好的安排。的确，对于高考的我以及绝大多数的学生来说，高中三年是不完美的。曾经的不够努力、成绩不够理想以及高考时的发挥不佳等都是一些遗憾，但经历了衡中三年的我早已学会宠辱不惊，相信一切都是最好的安排，不会错过星星之后再错过月亮，精神的成长才是衡中给予我的最大财富。羡慕在校的学弟学妹们，你们现在还有机会让自己的高中变得更完美。

总结一下三年来的学习感悟与方法，希望你们耐心看一看。

1. 老铁每次在谈话时都会强调学习态度与思想认识要正确，那我就谈一下我认为正确的思想认识。首先是要真的重视学习，不管你是勤奋型还是浪荡型，都可以虔诚地对待学习生活。注意是学习生活，不单指学习，包括正课、自习、宿舍时间、大大小小的会……都要认真，足够重视。其次是勤于反思，乐于向他人学习，以谦虚积极的态度学习其他同学的优点。

2. 要有充沛的精力和饱满的精神状态。宿舍打铃后不要吃东西，尽快进入睡眠状态，为接下来的学习养精蓄锐。早操要大声喊出来，喊出自己的高昂状态。吃饭不一定要飞快，不是后三即可，当然也不要故意说笑、磨蹭，保证身体健康。

3. 卷子分科夹夹子，可夹在卷子下部，整齐地摆放于桌斗，方便拿、放。讲课前对答案；讲课后利用课件；自习及时改错，绝不堆、留无用试卷，保持课桌的干净整洁，一个干净整洁有条理的人最让人喜欢。

4. 做好计划，尽力完成所有重要的任务。公自最好先改错再做上课要讲的任务，然后刷题补弱，最后做布置的其他任务。列好计划后专注地做题吧。

5. 草纸规范利用，非但不会浪费时间，反而会减少做题时间并极大地提高准确率。好的做题习惯是高考成功的基石，清晰明了的草纸远比在卷子上乱画要好得多。

6. 最重要的一点是要有自己的主见。整体上重要的任务完成后（熟练度、题感同样重要）一定要补弱固强，主要是补弱，即反思自己在各种考试与练习中暴露出的弱点、盲点，一定要具体并及时刷题看课本解决，绝不拖拉，绝不遗留问题！

7. 一定要增强自制力，听老师的话。

8. 珍惜当下，不要让将来的自己想抽现在的自己一个耳光。

一切为了将来的美好与理想的努力都是值得的。毕竟高考与平时考试大不相同，平时考试要简单得多，成绩变动也很大，所以日复一日努力刷题、改错巩固基础的同学一定会在高考时爆发。

越努力，越幸运！不信？努力一试！

★刘瀚文

经过三年的高中学习，我清晰认识到提高成绩的基本方法。

1. 练习和反馈

理解知识是前提，这无须多言。巩固学习成果便需要练习，练习是所有人都需要的，无论其特异品质。只有保质保量地练习才可让你理解考点。

在练习之后，反馈是必要的。这一点极易被忽视，但足以让人与人拉开巨大的差距。被易错点坑过之后要反思，遇到难点要总结，还要根据自己的需求进行适当拓展。这一步因人而异，必须在认清问题后精准下手。真正的学霸都善于总结反思。

2. 学习需要热情，更需要冷静

练习与反馈，缺一不可。

当我给学弟出英语补缺计划时，我告诉他怎么分析句子、找课文练习，如何就题补漏、学着各科老师提出明确细致的要求，以及提出对各种可能情况的对策，说完之后自己也感觉很清楚、痛快。

衡中老师给我们策划方案的时候就是这样把自己代入每个细节的，力争给学生们的操作减小阻力。老师们的用心实在缜密。

3. 心态调整时刻进行

我高三中后期模考心态不好。德宸老师说心态不只是心情是否紧张，还有状态、专注度、灵活性、得分意识等。

我心态不好，除了性格因素，说到底是没有调整到底。考理综感到自己读不进去题时不是加把劲儿冲一冲（此时已无法静下心了），而是消极暗示“不行不行我得慢点儿读”，然后就做不完了，正确率也并未因此提升。

是坚持做下去还是放弃，焦虑时能否迅速平心静气有时只是一念间，这一念带来好结果即好状态，反之则不好。找一个自己的状态判断标准以及对策，然后找办法向此状态靠拢。

对我来说，眼睛能睁到最大，视野清晰，周身有凉爽感（不论天气），气息平（主观上），重心靠下稳定，这个时候头脑最快、最活跃。

调整状态是习惯、能力，时时刻刻都应进行。高考前绷着弦不能放松，高考后听到一句颓废的话也很难受。头脑轻松的日子有时让人分不清状态的好坏，挑战则让人兴奋和清醒。状态最好的时刻并不轻松，但最令人怀念和向往。

4. 团队协作的分工和模糊处理

衡中的学生都被老师们精确的安排震撼过。无论是语文组的分工明细，化学十来本学案的条理清晰，还是英语完美无缺系列的详细集中，乃至每天标明编写人的学案自助作业，都让我不禁为我们老师的团队精神和敬业点赞。

不过，高二负责布置高考考场时李航飞说的一句话让我深有感触：“分工不要太细，太细反而会乱。”学考五次布置考场，我若提前分好谁干什么，开工不出一分钟就已乱了套路；若我或者宿舍长只大致分配或者不分，等开工再见机行事，进程反而流畅。

是明确分工还是模糊处理，也许本不算是问题，偏被我说成问题的话，前者是静态的工作，编学案自助，解析哪篇文章，互不干扰，明确分工很少有遗漏；而后者时限紧迫，人员走动、各种准备不全和突发情况，常需要及时帮助。模糊任务界限会更好。

（沪）同济大学

★孙思远

祝贺各位兄弟加入“铁军”。在老铁带的上届兵中，我不是“高级军官”，也不属于“低级士兵”，差不多就是中等水平。我的学习心得也是片面的，因此接受任何反驳。

第一点提醒是抓住课堂。

老师们肯定没少和大家强调课堂的重要性，反正就我自己来说，课上稍一走神，就不知道哪儿是哪儿了，游离在状态外。全神贯注地听完一节课，跟老师积极互动后，内心是很有成就感的，学科自习会更爽，不用焦头烂额地做那一点儿题，直接完成。

第二点是心态上的提醒。

记住人外有人，即使你是班里的前几名，学校还有更厉害的人站在远处对你露出迷之微笑。不要因为自己这次考试、作业没做好就垂头丧气。我曾经因为自己做题比别人慢而感到“人生失去了希望”，在和别人的比较中失掉自信。我们只能和自己比，不管提高多少，只要进步，就代表我们正在成功的路上前进。还有考试心态，老师肯定和你们没少说：把考试当成平时的周测；考试时不要想结果，做题就行；专注的考试结果不满意的情况也有，但不会出大格。

第三点是有关平时自习、周测的忠告。

自习一定一定不要对答案，对出来的好成绩只会蒙蔽你的双眼，自我感觉良好，到了真正调研考试就发慌。我们高一、高二周测时间每科只有一节课，说实话，大多数人是不能把周测都做完的（都做完的肯定有，做得慢也不要对此过多羡慕），做到哪儿算哪儿就行，抄答案得到的高名次对此只会看了脸红。高三周测时间绝对充足，一定要将周测当成调研考试对待，对名次也一定要重视。周测一切过程都按模拟考试来：写学号，5分钟浏览试卷，做完选择及时涂卡，到时间放笔。

第四点是听老师的话，不然你会吃大亏的。

老师让你做哪道题就做哪道，可以超额完成，但别打折扣；让你面批就老老实实地去，不要少了一个和老师交流的机会。

最后一点是我对各学科的一点儿小建议。

语文培养兴趣，背作文；数学多做题，改错要精简，只要错的题就改，哪步出错就从哪里开始改；英语增加词汇量和语感，一定要写好作文的字；理综（我高考永远的痛）注重速度与质量兼并的训练，保证做完，保证选择题不错（最多错一个），学会放弃，该跳就跳吧。

人在做，成绩在看。过程做到位，对得起自己，结果不会差。学霸们在清华、北大等你们，我在同济等着你。

★王诗雨

高三时间紧迫、竞争激烈，要战胜别人首先要战胜自己。必须要时刻神经紧绷来提高效率，必须要规范过程来减少低错，必须要提振士气来安抚恐慌。战胜自己的卑微与怯懦，放下自己的犹豫与恐慌。高三一年，虽然我数学开始时落后，但始终坚持付出，最终不让数学拖后腿；虽然看见大段的新信息题干就想跳过，但咬定青山不放松，始终坚持训练；虽然物理实验题屡次出错，但从不放弃总结改错练习，一直坚持到高考前一天。如果逃避，问题永远是问题，无法得到解决；如果等待，现实永远暗淡，没有曙光。生命的力量，在于在谷底腾空而起，在困境中绝地反击，在绝望中继续前行。我不是一个乐观的人，但也不是一个消极的人。明知前路迷茫不可知，也要义无反顾地前进，这是高三于我最大的意义。

（苏）南京大学

★郑文浩

庆幸加入陈老师的麾下，综观高中三年，高一、高二在我看来并不是很重要。如果你处于这段时间，那么我希望你不要为此时的成绩一时低迷而伤心失落，也不要因为学的内容困难复杂了些就给自己太大压力，毕竟这只是你们刚开始接触新知识，有的人考得好并不代表他一定智商高而是他接受新知识的能力比较强而已。真正的较量发生在高三后期，因为那时几乎实验班的每位同学都熟悉了各种考点，出题模式也和高考一致，学生名次的上下波动也很大。高三后期一半的较量是对知识的运用程度，另一半是心态。如果高三后期的一次或好几次考砸你就灰心丧气，那么高考时压力更大，你又如何面对？说真的，高考与平时心态相关，高考题难度要低于平常的调研考试题。高考题做题关键在你的考试心态。好的心态不是突然冒出来的，而是在一次次的考试中磨炼出来的。有些人平常很努力可就是高考考不好，有些人平常吊儿郎当可就是高考大爆发考好了，努力与否似乎与成绩也并无太大关系。心态是否决定一切？尽人事听天命。

（苏）东南大学

★丁雨潇

高三一年，经过了一生难忘的淬炼，学习的专注度是高一、高二不能比的。

初入高三，学号大、环境新、人不熟等都是让人郁闷的因素，但“过去全抛开”才是进入这段新征程的最佳心态。

总体上，一轮复习较为细致，我们有充足的时间去弥补高一、高二时某一章节的漏洞（比如我就将圆锥曲线的漏洞补上了，高二时从未算对过的我在高三算出正确结果时感到无比的成就与满足），学会心态归零，将这视为“重来一次”的机会，或许会迎来与之前相比天差地别的变化。

在学科方面，建议早早练字（语文），不要等后期再对着作文发愁，而且语文习字不像英语可以速成，这个要趁早。另外，关于英语，培养兴趣和语感真的很重要，高三追美剧显然不太现实，建议可以多听听英文歌；语感的培养要从多阅读文章和多念出发，早读不要机械地只背单词，要多读句子，可以试试假期读英文读物而不要只关注于卷子上那些阅读题。

高三会刷很多很多题，注意内化吸收。初期改错一定要跟上，一定要跟上！到了后期天天套卷时很多人会想改错却力不从心，但学霸依然在坚持改错。

最后，高三不是情怀的断头台，相反，如果内心没有一点儿大情怀，很难撑下去。无论身陷何种境地，都请保持内心的一块绿地。

（浙）浙江大学

★王岩

1. 课上一定要紧跟老师，杜绝走神、闲聊浑水摸鱼。

跟紧老师的思路并有选择地做笔记，既不能一点不做也不能只做笔记而忽略课堂消化的过程。眼手脑并用才能达到课堂效率最大化。

2. 关于刷题。

刷题是必要的但不能一味盲目地刷题，切忌自己按自己的想法随意刷题，要先完成老师留下的作业和练习册，学有余力了才可以选择自己的薄弱环节加强练习。另外，刷题过后要注意总结提高，对于有价值的题目要进行粘贴记录以便复习使用。

3. 关于考试心态。

要把平时的大考小考都高考化，把高考平常化，这样才能保证发挥出自己的正常水平。考前不要紧张，多翻自己的错题本，脑子里过一遍要考的题型以及各种模型方法，达到胸有成竹的效果。

4. 关于考后反思。

一定要重视考试中出现的问题并及时纠正，杜绝错题重错、一错再错。另外，要注意总结，看是由于某个知识点掌握得不牢固导致的还是考试心态不佳导致的，及时解决出现的问题。

★孙一婷

我从不相信在年级里叱咤风云的学霸拥有与生俱来的天赋，更不相信身处逆境的人每日空想就能柳暗花明。尽管每个人学习方法、理解能力、接受过程不同，但总是在曲折中进步，螺旋式上升，不会一蹴而就。希望你能明白量变积累成质变的道理，明白这只是学习的必经之路，不因看似长时间努力但毫无效果而懊恼。万分重视每个问题，尤其是非知识性的问题。很多时候算错得数不是马虎，而是规范不够。有个词叫解题工艺，即每一步都有固定的流程，违者更易出错。比如草纸利用。选项写的位置、勾画习惯等都有章法，如果一味陷入不认真的借口里庸人自扰而不反思做题流程问题，很难有进步。

1. 学会总结，集成知识体系

一种是串联知识点的，另一种是串联做题方法的。前者建议以小专题为中心，如ATP那些，不必整合非常大的体系。后者建议从题型入手总结方法或注意事项，如流程题除杂有两种氧化和沉淀，提纯有化学方法和电化学方法等，把信息都用完。另外，表述题一般有两条等这些做题经验都可以总结进去。

2. 题海＋反思才是王道

纵向做题能解决共性问题，比如把近几年全国卷导数题放到一起做，会发现不外乎几种思路，同时还能发现个性，即积累每道题的创新点，见多识广，举一反三。

焚膏油以继晷，恒兀兀以穷年。在接下来的高三岁月，愿你慢慢成长；高考结束时，能说问心无愧。

祝高考成功！

（皖）中国科学技术大学

★王鼎生

高三一年的学习犹如一场马拉松，我们不仅需要坚实的学业基础（体力），更需要顽强的精神（毅力）。具体的学习方法因人而异，效果不尽相同，下面我就心态方面谈谈一些认识。

首先是一种宠辱不惊的魄力。

高三一年的考试有二十多次，出现成绩波动极其正常，断不可为之心理波动，要正确认识考试的意义——发现上一阶段的问题。越到后期，心态的平和越重要，这是你最后冲刺阶段不乱、自主复习不懈、高考考场上不慌的保障。相信一切都是最好的安排，得之我幸，失之我命。

其次是一种敢于血拼的精神。

到了中后期，老师不会再逼迫你，一切成绩来自个人的拼搏。有些人会产生到站意识，丧失动力，也有人过度焦虑，不能静心备考。这时倘若你拿出拼命的姿态，争到位，争课堂，争作业，成绩飞升、黑马突起自然而然。

最后是作为奥赛生的一些看法。

从联赛乃至国赛归来的我们开始时一定会有不同程度的迷茫，这很正常。我们要做的便是学会记忆与忘记，忘记奥赛生的骄傲，记住奥赛生的使命与光荣。放下身段，迎头赶上，相信自己有充分的实力占据班级前列。事实证明，我们的确做到了。始终相信，奥赛生就是衡中最佳团体。

值此三年奋斗收获之际，写下只言片语，共享学习经验，希望能在这本书中留下自己独特的一页。期待再见，后会有期。

(湘)湖南大学

★吴文杰

衡中生活转瞬即逝，有遗憾，亦有成长。在衡中，你可以见识到学霸是怎样炼成的，可以深刻体会到人外有人天外有天；在衡中，时间已被老师卡死，你能做的就是尽一切努力提升自己的效率。具体的学习方法我就不说了，其他大佬们已经说烂了,在这里,我主要说一下知识之外的东西,我认为他们更能左右成绩。

首先是心态。你应该知道，你所见到的世界不是客观的，而是真实世界在你眼里的映射，所以，任何客观事物对你的影响一定程度上是由影响你的心态来达成的。在衡中这个熔炉中，你将看到无数优秀于你的大神，你的成绩可能变化无常，你的自信心会受到巨大的影响，这时，你的心态好坏将直接决定你下一阶段的努力成果。

其次是习惯。在我看来，名次在高三后期会产生巨大的变化，主要原因就是每个人知识的完善。这时，习惯的作用会被无限放大。习惯不好将会酿成许多低错，从而渐渐拉开差距，所以，在前期，你们需要将习惯练好。也许你羡慕刷题的小伙伴遥遥领先，但你要知道，这只是暂时的。做好你在一个阶段所应该做的事，这就是成功。

最后是休息。不会休息的人就不会工作，只有休息好才能工作好。而且，衡中给的休息时间完全是足够的，所以，你只需在应该休息的时间里好好休息，不天马行空，不预设未来，你就是成功的。

总之，一千个人中有一千个哈姆雷特，每个人的衡中生活都会不同，找到你所熟悉、你能掌握的就是最好的。

（鲁）山东大学

★赵梦圆

首先，在衡中这个竞争激烈、高手如云的赛场上，成绩的变化起伏是家常便饭，所以保持宠辱不惊的积极心态最重要，不管别人做题速度多快、成绩多好，你都要始终保持自己的速度与状态，有自己的计划与思考。

其次，关于考试，有扎实的基础做保障是很重要的，但是对于临场两个小时，良好的心态也是至关重要的，不在意考试成绩，不在意考后结果，心无旁骛，专注于试卷上的一字一句是最明智的。考完后，要关注于知识点的查漏补缺，时刻为高考做准备，毕竟，这还不是高考，一切不成定局。不到高考你就要足够相信，相信命运有最好的安排，相信所有付出都会有回报的。

最后，在血拼到底的高三，陪伴在你身边的有可亲可敬的老师，有同窗同读的同学，还有远在千里之外的父母，我们要学会珍惜他们陪伴在身边的一分一秒，他们是你多年后回忆起来最美好的记忆。

希望学弟学妹们都能圆梦衡中，拥抱属于自己的未来。

（鄂）武汉大学

★刘昕晓萌

1. 挑战自我的意识

由于没有目的就容易缺乏动力，选择一个恰当的方式激励自己至关重要。将挑战自我作为目的于人于己均无害，而且有利于持续进步。

2. 恰到好处的自信心

不自信往往来源于别人不信，不管是心大也好还是砥砺前行也好，面对困难的态度取决于你的性格，但结果由行动掌握。同时，盲目自信会阻碍你发现问题，所以自信心应该恰到好处。

3. 抉择要谨慎

路都是自己走的，在高中，比如奥赛的选择，比如科目间的平衡，包括到后期学案自助的取舍，要考虑清楚，避免畏首畏尾。心胸要大，但目光要细。

4. 认识你自己

此处借用伟大的哲学家箴言：“你怎样，你想要怎样，你应该怎样做，一切行动都起源于第一步，这很重要。”切忌盲目前行。

5. 学习节奏

手忙脚乱永远都是错的，一步一步走好，不要慌，沉住气，静水流深。

6. 几点提示

学习方法可以借鉴但不要被别人牵着鼻子走；你应该不断学习进步但你也应该做你自己。当你对什么东西产生怀疑时为自己找一个更深广的出口；请你相信，路还长，别猖狂，别放弃，别失望，如果你有一个足够美丽的梦想，这个世界愿意与你同行。

（鄂）华中科技大学

★孙昕宇

1. 最重要的是自律

在学校，虽有老师督促、课程安排，但固强补弱、重点取舍的坚持仍须自己掌握。在海量刷题中，能够坚持自己最初的方向，明确自己为什么刷题，更是自律的体现。自律不只是在学习上，同样也在践习校规上。强化行为习惯，提升思想境界，无论何时，不给他人添麻烦，不仅是道德约束，亦是自律下衡中素质的彰显。

2. 要坚持理想

理想是人生航标，为我们指明方向，引领我们走向远方。从早晨起床后“上清北”的亮嗓子，到饭后班级宣誓的加油站，再到课桌上醒目的目标卡，在衡中随时随地都在激励我们在追求理想的路上走得更远。坚持理想，不是舒适温床上的幻梦、纸上谈兵的理论，而是实践的过程。没有实践，理想只是空中楼阁，定什么理想都是痴人说梦。

3. 要拼搏向前

敢于拼搏、不畏付出的人，走路姿势是向前的。他们不会为自己的懒惰或无能找借口，他们渴望卓越而有动力，因有动力而努力拼搏，跌倒后勇于爬起，在磨砺中成就自我，让自己在荆棘中成长、花丛中绽放。

★李幸洋

作为一名光荣的衡中毕业生，在老班的号召下，写下高三一年的些许心得。我主要从高考的角度谈谈理综学科。

第一点，试题难度。

高考要保证一部分人的得分，同时又要保证区分度，所以试题会有高中低三档。高档题不会太多，主要集中在物理部分，相应地，生物部分的试题一般都较为简单。高考的这一特点，平时的备考也应有所针对。

第二点，初入高三时如果就去做高档的高考题，会觉得力不从心。

依稀记得一轮复习时做 2016 年全国Ⅰ卷的化学 26 题，处在连题都看不懂的状态，但是等到三轮后半段，当试题量积累到一定程度时，再回过头来看，问题迎刃而解。当然这不是说一轮刷难题没意义，事实上，三轮的迎刃而解恰恰来自之前做难题的积淀。物理固然难，但是分模块一个个攻破，时间上完全可以。化学要考的题型就那么几个，流程图和物质合成，实验和热力学，图像和化学与生活，反复练就能无招胜有招。生物重点是回归课本，无论是新型的实验题还是传统的简单题，几乎都能在课本上找到出处。同时，稳定的得分应该建立在选择题和选修不出错的基础上。

第三点，关于心理。

老班有句话说得特别有道理，到了高三的最后，真正能够提分的不在于你刷了多少题积累了多少知识点，而是改变了自己的性格。所谓江山易改本性难移，人的性格是很难改变的，这也是为什么绝大多数人永远无法杜绝低级错误的原因，即性格所限。

第四点，要有自己的个性教材。

错题本和笔记本是你自己最好的教材，审视它们有利于你温故而知新。到了高考前几天，你会有大把大把的自由时间，不是说无题可做了，而是你可以选择不做了，转而复习之前的知识。

第五点，身体。

所谓身体是革命的本钱，一个健康良好的体魄是持久而稳定的备考保障。一旦生病，打针输液事小，耽误课程事大。

自认高考没有考好，也无颜说太多，便到此为止吧。

★王海阔

于我而言，高三是一部在痛苦中奏响的乐章。说痛苦，也不过是在无边题海中一日又一日地重复而不能厌倦，在一次又一次考试后没有尊严而不能放弃。高三，心态是压舱石，当过于浮躁，一路航行便承受不了风浪；当过于沉重，何来顺风急航？心态放平，不骄不躁，有激情，有热度，有攻坚克难不断提升的决心，有舍我其谁力夺魁首的魄力，让潜力爆发，高三修行才更有意义。

★代勇

在学习方法上，清北的同学比我更有发言权。但作为一名外地生，我想对同为外地生的学弟学妹们分享我的心得。

孩儿立志出乡关，学不成名誓不还——这是我们外地生的真实写照。在校期间，待考生正在高强度、高压力、快节奏的学习生活中挣扎，但现在对于你们来说坚持就是胜利。既来之则安之，尽力、尽快地适应新的学习生活是你们的首要任务，遵守常规是原则，没有过不去的坎，有困难就克服，直到你对一切习以为常。

生活上的适应、融入只是第一步，思想上的转变与适应则更为重要。

一是要斩断过去的一切。

在衡中学习，需要你将全部的身心都投入高考准备中，一丝一毫的分散都会造成与他人的巨大差距。不要怀念过去的一切，你们是幸运的，到了衡中这样一个优质的平台；远离家乡、亲人、父母，更是一种锻炼，为在大学的生活、学习打下了良好基础。

二是要忘掉自己外地生的身份，把自己当作一名本地生。

把自己当作外地生，便极易将自己的落后当作理所当然，对自己倒数的成绩毫无触动，更易滋生出懈怠、放松的思想，自然无法提高成绩；将自己当作一名本地生，便会对自己的落后更有痛苦和羞愧，会用优秀的衡中同学的标准来约束自己，这样，即使起点有差距，也可以迎头赶上。总之，身在衡中，心也要在衡中；要取得像衡中人一样卓越的成绩，就必须像衡中人一样奋斗。

三是要有远大的志向。

一年之后，如何报答父母、老师，怎样面对昔日的同学，又是怎样的结果才是对自己千里求学的不辜负，清北是最好的答案。

最后，希望你们都能：不忘初心，不虚此行，不负众望，不留遗憾。

（湘）中南大学

★张澳

1. 落实。

老师常讲的“指哪儿打哪儿”“跟紧老师”，其实就是要求我们做到执行和落实老师的要求。我们的老师都是经验十分丰富和认真负责的，他们给我们的指导都是经过认真观察和思考后得出的最有针对性的建议，对我们来说是十分珍贵和有益的，所以我们一定要相信老师、跟紧老师，认真落实老师的要求。

2. 坚持，不懈怠。

高三是一场持久战，高考拼的是耐力与踏实，需要我们一遍一遍地重复和练习。高考不至，奋斗不止，在这最后的三百多天里不能有一丝懈怠，强科不轻视，弱科不畏惧，坚持到最后一刻。

3. 保持良好心态，不念过往，不惧将来。

高考前的每一次模拟成绩真的没有你现在想象的那么重要，真正重要的是你从中学到的知识、收获的教训，并将其用到高考中真正转化为有用的分数。高考之前，一切都有可能，成绩大起大落，突破历史，但是同样一切未成定局，一切都来得及，只要专注，只要改正，你就是奇迹。

这只是我高三一年收获的一点心得与体会，希望能够为学弟学妹们今后的学习提供帮助，谢谢。

★郭朝阳

1. 目标学习

高中学习的板块很多，能够面面俱到当然好，但有重点的突破自己不会的题效率更高。

2. 问题学习

上课前的预习是为了带着问题有重点地听，老师讲得很多，取我所需即可。

3. 矛盾学习

采用对比的方法看问题是否具有相似、相近或相对的属性，便于找到规律。

4. 联系学习

联系是新旧知识很好的结合方式，学会联系有助于构建知识网络。

5. 归纳学习

老师讲的不一定是自己的，归纳处理才是颗粒归仓的王道。

6. 思考学习

学习的本质是学会思考，遇到问题要想明白，思考一定要到位，这点很重要。

7. 合作学习

高三的资料很多，自己全部做完不太可能，而几个人合作分享可以起到事半功倍的效果。

8. 持续发展

高中学习的终点是高考，要有长远的目光，不要拘泥于一时的得失，最好给自己制订长远的提升计划。

高中三年就这样结束了，我的高中三年可谓不平淡，起起落落，堕落与奋斗交织，然而最后我坚持了下来，衡中三年因此无悔无怨。

（湘）国防科技大学

★杨雨晴

1.为自己制订了一个个明确的目标和周详的计划,并要求自己按时完成任务,这样学起来就更有劲头,自信心就更加充足了。在临近高考的几个月中,我放弃了一切偏题和怪题,因为做这些题目需要花费大量的精力和时间,做不出来对自己的信心会有一定的打击,更何况在高考中出现的概率也很小,这样费力不讨好的事情我绝对不做。

2.我会把所有的学习内容分为两部分,即占用大脑少的和占用大脑多的部分。我会尽量地把占用大脑少的那部分内容所用的时间缩短,把更多的时间用来处理占用大脑多的那一部分。这样,在同样的时间内我的大脑就得到了充分的利用。

3.考场发挥是平时功夫的体现,平时功夫下的多少,基本能决定临场发挥的好坏。这里所谓的“功夫”,不仅仅是对“做题”而言,还包括锻炼自己“细心”的能力。“粗心”是我们学生的大敌。粗心,本身就是一种能力上的不足。之所以会粗心,很可能是因为我们平时学习不够扎实,眼高手低,一看就会一做就错;也有可能是我们平时练习太少,对题型掌握得不够熟,以致考试中速度跟不上,忙中出错;还有可能是我们所使用的方法不得当,走了弯路,造成了很大的计算量,结果让自己陷进去不能自拔……

★张永赟

都道“十年寒窗为今朝”,当我真正从高考的硝烟中走过来,这种感觉才越发强烈。高考,带给我欢乐和痛苦,给了我畅怀和眼泪。惊回首,我写下这篇文章,纪念我伟大的衡中676班,更是纪念我的高考岁月。

首先,说说心态。

好的心态才是成功的保障,如果你的心态已达到高考标准,成绩自然会很好。高考告诉我:处变不惊的大心脏,源自日复一日地认真训练和强大的自信心。在每日单调重复的衡中生活里,是那些无数次的练习让我“阅尽世间百态,闲看高考云涌”,找到了做题的感觉,收获了分数的提高。有人批判我们大量做题的模式,可殊不知刷题正是获得好成绩的必要条件。有了一定的题目做铺垫,自信心才会有。自信心不会凭空而来的,“技高人胆大”说的就是这个道理。此外,如果说,高考前应当处变不惊、自信沉稳,那么高考中的平平淡淡、行云流水便是另一番境界。我曾和一位尖子生聊了一个多小时，他的内心强大和平稳令我震惊，也是受到他的影响，我的高考自始至终平平淡淡，毫无内心波动。

其次，说说学习。

尊师重道，勤思多问，是我学习生涯的小小总结。我高三的物理成绩一直不好，这和我对待物理老师的态度有很大关系。我总是抱怨物理老师年轻、没经验，因此上课起哄，下课作业不做。后来，说真的，我是先喜欢上高三物理老师这个人，才开始喜欢上高三物理的。一次偶然的机会，我发现物理老师不是只会发脾气，她也有关爱学生的那一面。虽然上课还时不时克制不住接话茬的冲动，但我内心对物理的看法全然改变，我也能做到一堂课从头到尾不走神。再者，我认为思考胜过傻问。经过自己思考的问题才有价值，才会一针见血，甚至让人哑口无言。“学而不思则罔”这个道理直到今天依旧受用。

感谢衡中这个伟大神圣的集体，这个集体缺少任何一部分，我的高考路上都会困难重重。感谢所有赐予我知识的老师，缺少你们中的任何一位，都会让我在卷子铺就的路上处处摔跤。感谢包括我同桌、舍友在内的全体同学，你们的温暖、自信给予了我拼搏到底的力量。不得不单独提到班主任陈铁乱老师，感谢您教会了我们做人做事，学生们终生难忘。

（渝）重庆大学

★董丽妍

1. 相信老师，课上专注是重点。

别把课上该完成的任务拖到课下，课下也很忙。掌握适合自己的学习方法，别生拉硬扯。

2. 消灭你的低级错误和弱科，越早越好，不要吝惜你的时间。

你的“软肋”越到后期越扰乱你的心志，越让你头疼。

3. 树立一个高远的目标，时时激励自己。

不要得过且过，你想要得越少，自然得到得越少。你想要去的城市，你想遇见的人，你想见的风景，不是仅靠做白日梦就能得到的。你可以暂时不优秀，毕竟不同的人擅长的东西不同，但请不要忘记自己究竟想要什么样的生活，时时追求，不断突破。

4. 重视课本，牢记知识点，重点可以写在课本上。

积累本基本上不会看，卷子更是。基础很重要，简单题不要小看，别给自己找各种理由。

5. 如果你以前没有好好学习，也不要乱了阵脚，越往后越重要，越往后越不能慌乱。

从一千名蹿至一百名不是神话，关键在于你个人的毅力与信念。

6. 学习的过程也是重新认识自我的过程。

学习的成效往往与个人的状态、性格、能力有关联，另外，学习需要灵活应变，并不是说杜绝一切娱乐活动和社交活动，而是在该学习的时候保持专注投入，虔诚地对待每一份试卷、每一节课。学习不仅仅是丰富知识、增长见识，同时也是赋予你一个雕琢自己的机会。

7. 善于调控自己的情绪。

考试过后尽快调整——考得好是前段时间学习效果不错，继续努力；考得差是暴露问题，证明这次考试没白费。与同学闹矛盾别放在心上，斤斤计较的人不值得珍惜。

你现在拼命努力的这些日子，你现在苦苦挣扎的这段岁月，或许无人问询、了无生趣，但不论结果如何，其实你已经赢了。所谓经历过的最美，你无厘头的大笑，你偷偷地哭泣，你彻夜地难眠，你疯狂地呐喊，都是对青春的绝佳诠释。

（陕）西安交通大学

★多小川

首先恭喜自己加入陈铁乱老师的麾下，成为陈老师的学子是一大幸事（不多解释，陈老师的在校弟子慢慢体会）。作为高中三年的过来人（哈哈，“惊魂未定”），在这里我将自己的学习心得分享给学弟学妹，如果能帮到你们就再好不过了。

第一点，找到学习的动力。

如果你在高一、高二的学习生活中只是迫于压力而机械行动的话，强烈建议去刻意寻找自己学习的理由，不论是为了来自老师、家长的关注和期待，还是自己心中对未来的各种美好的预设，抑或是其他或伟大或中二的奇奇怪怪的想法，找到你真正想做的事。发现今天的学习对于自我的独特意义，你的学习便会变得莫名的有意义，高中便不再是人生中必须熬过的一个痛苦节点，而是你人生传奇路的一个美丽组成。理想的拉力大于现实的推力，若是没有学习的动力，日子会愈加难挨，没有主动性的话，纵使成堆的学案、自助也救不了你。

第二点，多与老师交流。

不要莫名地相信自己特别了解自己的问题，觉得不用与谁沟通就会有最佳的解决方案。实际上，与老师沟通几次你就会发现，老师的评定是很精准的，建议也是很成熟的，因此收获会很大。有时候在学习上遇到问题，和同学聊天不如与老师对话找到本质，犹豫踟蹰不如让老师提出建议帮你定夺。老师都是非常友好的（反正我的老师都是这样的），不用畏惧，也不用不好意思，老师当然会喜欢学生的主动。让经验丰富的老师指引你，真的会少走好多弯路。

第三点，一定不要偏科。

为什么强调这个？因为我高考语文扣的分比另外三科加起来还多扣了12分。强烈建议一轮干掉偏科还有磨时间的东西（语文、英语、习字之类的），二轮、三轮忙得很，花大量时间提升弱科效果不好，自己也顾虑，所以一定抓住一轮，多和该科老师聊，多反馈，真心实意解决问题，良好的态度很重要。如果没有哪科特别拖后腿真的会是特别畅快的感觉（要是我体验过就好了）。理科应该比较好提升，如果理科特别拖后腿，一定优先补理科。语文高水平基础上要提分好难的（别觉得提分那么容易，报志愿的时候你就懂了），不如花时间在理科上以期立竿见影，当然我不是让你到达那种基本不在语文上下额外功夫的境界。

第四点，积累本的使用。

醒醒吧，别做梦了，根本没有时间复习。新题每天都在来，积累本最多考前看看其中像速记一样的东西，如果没有系统整理甚至越看越慌。我个人觉得解决方案还是把题弄明白吧。你甚至可以不抄题直接写过程，关键是在写的过程中把问题彻底解决掉，到了高考前你会发现，积累本是最没啥用的，看了半天不如做一套新题有收获。积累本达到老师的审查要求即可，不用追求极致完美，到底怎么样效果最好，自己心里要有点数儿。

第五点，爱上自己的生活吧。

不出衡中门不知道衡中生活多么纯粹美好，等毕业后那个暑假才感觉在学校的日子多么元气满满，多么热血澎湃，多么简单真实。这是00后老男人的心里话。

最后，祝大家生活美好、心情愉快、学业有成、圆梦清北。当然如果各位学神有人发挥失常，我在西交等你来。呵呵。

（陕）西北工业大学

★李雪晴

1. 最重要的是听老师的话

衡中老师的备考方法是经过历年的尝试与经验得出的，绝对是最高效的学习方法，不必追求个性。

2. 永远不能停止整理改错

整理的主要目的不是日后再看，而是整理的过程中你对题的印象更深刻，听懂了不算是自己的，整理出来才是自己的。同时不必完整写一遍，只需写重点。这点越到后期越关键。

3. 保持良好状态

高三的考试会越来越频繁，不能因为成绩的起伏过度影响心情，因为每一天都很宝贵，内心平静才能笑到最后。

4. 保持题感

刷一些中低档题来保持题感，不要贪恋于偏、难、怪。

5. 纪律意识

健康身体是革命的本钱，这是最基本的。衡中的纪律一定是为了保障学生的健康，另外在纪律的要求下，学习的效率才会最高。

6. 认真对待每一次年级大会、班会

这些会议屈指可数，它们能告诉你学习的总方向、年级的学习状态，还能统一思想，让情绪低迷者重寻自信，让骄傲自大者平复内心。

7. 专注

历年高考状元都在强调专注，专注能保障你的学习效率，黑马的出现也是源于效率的提升。

港澳台、华侨类高校

（港）香港科技大学

★潘心怡

高中三年是人生中最重要的学习阶段，高三尤甚，这段时间注定辛苦孤独，但是值得且弥足珍贵。

初入高三，任务量成倍增加，压力也随之增大，首先要做的就是适应高三的学习节奏，从缩短吃饭时间到忽略日常琐事，只有专注，才能静心提高，才会有意想不到的收获。与此同时，对老师的信任也极为重要。衡中的教研集结的是全体老师的智慧，只要紧跟老师，高考的重难点就不攻自破。

首先迎来的挑战就是一轮复习。一轮复习的时间长、覆盖面广，而且针对高考重点、考点，是最好的查漏补缺阶段。无论高一、高二的你何种水平，夯实一轮复习中老师强调的每一个知识点，做好每份作业，改好每一个错，才真正打好了迎战高考的基础。同时，一轮复习也是最好的弥补弱科劣势的阶段，比如数学的圆锥曲线、物理的磁场、化学的平衡、生物的遗传……在任务相对较少的一轮，有针对性地增加在知识薄弱环节的训练，是避免高三后期对弱科束手无措的最好做法。另外，语文和英语的书写对于高考十分重要，高三前期练好书写，是事半功倍的明智之举。

打好一轮的基础，自然会有二轮、三轮的提升。在后期卷子堆积如山时，一定要重点突出，提高效率的同时也提高了质量。有针对性地刷题，勤反思，勤面批，从自己的每个问题入手，成绩才能稳步提高。

高三注定是心态的战场，在最后的高考中，只有自信淡定的人才能从容胜利。因此，在学校的若干次模考周测中磨炼心态便是必不可少的环节。每次小测出现的问题，高考都有可能出现，需要训练的正是在各种情况下波澜不惊的心态，所以，每次小测和大考的训练机会必须抓住。

虽然高三的路绝不轻松，却有始终相伴的老师、默默守护的父母和并肩作战的同学，这是一段人生必经的成长历程。放松心态，从容面对，初夏6月，看尽花开。

（闽）华侨大学（厦门）

★胡典典

如何对待考试后的失落？

我的高三过得很充实，每天与卷子做伴，与老师并肩作战，胜利的法宝就是平稳心态，希望的曙光就是对清北的渴望。现在离开衡中，有些话想说一说，记录下我的高中生活。

高三拼的就是心态。考差了，要有东山再起的干劲儿；考好了，要有更上一层楼的激情。我自己曾有一次考得很渣，足足一周心情低落，总是在角落里唉声叹气，课上无精神，课下无精力，但这样的后果只是成绩仍无起色，再无其他。我找老师聊过后，调整了心态。成绩好坏只是结果，我们要抓好过程，为下一个好结果做准备。在衡中的高三很简单，听老师的话，坚决落实老师的要求，仅此而已。或许每个人都有自己的主见，但老师的话是高三备考的方向，盯紧方向才有可能到达远方。

备考时，有一个时刻激励自己的竞争对手是好事，但一味地跟别人盲目地比较，容易失去自己的原则和底线，渐渐地会影响幸福感，甚至活在别人的阴影里，一步一步弄丢自己。所以，良性竞争很重要，不盲目，不封闭。

高三要有自信，不管我们处在什么水平，永远自信，永远不否定自己的潜力。我们会遇到失败与挫折，会经历很多“沧桑”，但这些沧桑的经历不是要让你手足无措、麻木不仁，而是要提醒你该怎么过好接下来的生活。请自信面对一切。

总是说心态很重要，可保持平稳心态并不容易，我自己会在考前5分钟深呼吸，考后清空上一科的得与失，出成绩后找出失误和问题，有时候将关注点转移一下心情会好很多。在高考路上没有人能一帆风顺，起起伏伏总是家常便饭，既要习惯，也要保持对备考的激情与热情。

只要今天的你优于昨天的你，那便是最大的成功。

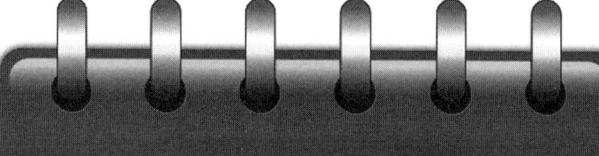

Part 3

班主任高考填报志愿指导

——我这样指导学生上名牌院校

填报前

问题一：关于提前批

★是选择提前批还是选择之后的普通院校来填报志愿？

一定要慎重选择。

有些考生只是感觉报考提前批是一次机会，想尝试一下，实际上并不是真的想去，等录取之后会很后悔。所以报考志愿注意以下三点。

1. 报你想去的国防生，不想去的不要报。

2. 报你想去的提前批，不想去的不要报。

3. 志愿选择有“不服从”项的，都应该选择“服从”。

问题二：关于分数

★高考估分如何更接近真实的成绩？

1. 趁热打铁，估分越早印象越深，估分准确度越高。

2. 具体题型估分，可以先看得数。如果得数正确，就要看讨论的是不是全面。各得分点都有，基本就会是满分；如果得数有误，就要按照步骤给分。

3. 分学科估分。数学、理综估分相对简单，答案、步骤几乎都是确定的。难度最大的要数作文估分。同学们可以跟自己的老师联系，简单沟通写作情况后，基本可以得出作文成绩。

4. 汇总各科总分的时候，一些可得可不得的分数，就不要计算了，这样的估分比较准确。

问题三：关于基本概念

★高校《招生章程》需要认真研读哪些方面？

1. 看清批次

提前批还是本一、本二、艺术类都要看清楚。

2. 看清招生人数

如果这一专业在本省招生人数较少，可能会有很大变数。这种变数指的是，有时候分数会很高，有时候分数就会很低。

3. 看清对视力有没有要求

4. 看清对色盲、色弱是不是有要求

医学类一般要求不能是色弱。

5. 看清是哪个校区

不同校区所在城市可能会有差别。

6. 看清院校往年招生在河北的排名大概是多少

这一点是重中之重。省排名可能会影响到今年的录取情况，这是一个主要的参考依据。低于省排名的，报考成功的概率会非常小。

比如：北京大学往年在某省招生的最低的省排名是 35，往年也差不多在 30 名左右，如果你今年考了 100 名以后，那么北京大学本部的这些专业被录取的可能性就非常小了，就不用报了。

★针对普通院校来填报志愿，一般分为哪五个并列志愿？

平行志愿，指的是考生一个志愿可以填报五个并列院校，比如 ABCDE。

投档的时候，河北省教育考试院根据各院校提出的调档比例来确定调档数。按照分数优先、遵循志愿的原则，首先将同一科类控制分数线上没有录取的考生，按照总分从高到低排序，并按照排序名次逐个投档。

当轮到某个考生的时候，根据他填报的五所院校，计算机自动检索从 A 到 E 五所院校，对应院校的调档数假如还没有报够，那就给这名考生进行投档。档案一旦投出，该考生本次投档结束，如果从 A 到 E 五个志愿都已经满额了，那么该考生的档案将无法投出，本次投档也将自行结束。所以档案投出，没有被学校录取或者没有被投出档案的，只能参加征集志愿或者下一批次的录取。

★填报志愿的“三个优先”原则是哪三个优先？

排名确实很重要，比如在就业单位招聘的时候，他们只聘同类院校中排在前三名或者前五名的学校，这也就是我们现在报志愿“学校优先”的原则。

我们也没有必要只看排行榜，还要根据自己的高考分数，去选择适合自己的院校。比如你的分数能进排名靠前的高校，但是进去之后，专业不是自己所喜欢的，会面临尴尬。有些高校排名不是特别靠前，但是可以进自己喜欢的专业，这就是我们现在的“专业优先”。

还有的同学，比如非常想去北京读大学，那就根据自己的分数和省排名在北京范围内搜索自己能去的大学，这就是“城市优先”。

问题四：关于信息筛选

★怎样筛选含金量高一些的院校信息？

1. 跟往年考入高校的学长学姐联系，他们说的应该是比较准确的。

2. 可以进入院校的QQ群。每年考生录取之后，都会建立一个QQ群。进群跟他们联系、了解。

3. 可以去院校实地考察一番。这个时间，学校里还有很多在校学生，可以跟学生面对面交流。将这些信息综合起来，就会准确反映出这所院校的概况。

4. 高校排行榜也可以作为参考依据，但这个排行一定是最新的。首先是看最新的排名，其次寻找比较有权威的信息发布单位。各个权威的组织发布“高校排行”的时间会有差别，有的选择网站发布，有的选择微信发布。我们可以通过搜索，找到最新的、最有权威的排行榜。或者也可以去关注清华、北大等知名院校引用的一些权威机构的排行榜。

★历年亚洲大学排行榜有哪些变化？

不同的时间、不同的机构对大学的排名会有变化。各时期，指的是各院校各时期发展的速度、规模相对不同；不同的机构对学校考察的指标是不同的，这也会导致高校排名会发生一些变化。

比如“2016亚洲大学排行榜”，它比原来增加了50所大学，总数达到350所，另外还增加了“拥有学士学位教职工比例”这个指标，权重占5%，这就会导致大学的名次发生一些变化。比如，清华大学就比原来提升了6个名次，上升到了第5，超过了排名第9的北京大学。

★怎样辨识冒牌大学（野鸡大学）？

2018年6月3日，教育部官方网站发布了2016年全国高等学校名单。截至2016年5月30日，全国高等学校2879所。我们进入教育部官方网站，然后在搜索栏内输入“全国普通高校名单”，就会出现2016年全国高等学校名单。名单包含两类，第一类，全国普通高等学校名单，有2595所；第二类，成人高等学校名单，有284所。这些都是正规院校。

★怎样区分类似的专业？

1.通过网站查询他们的课程设置。

2.通过网站查询他们的就业范围。毕业之后，可以到哪些方面、哪些单位去就业。

问题五：关于高招会

★怎么用好高招咨询会？

分数高一些的考生一定要重视高招会，有些考生会当场确认被心仪的高校录取。

衡中每年都是6月24日高招会，分数高的同学一定要来，因为分数高的或者贴边的考生，如果特别想去某一所高校，当时就能见到高校招生办的工作人员，当场就能确定很多事情。

比如，2013年，我带的一位高三毕业生考了575分。不到9点在高招会上，他就见到了北大医学部的招生人员，并当场签订一张制式表格，因此成功报考北大临床医学专业。

填报时

问题一：根据分数报考

★怎样一分都不浪费地填报平行志愿？

实际上就是给这几个志愿分一下类别。第一个是可以填冒险的，在省排名里沾边的院校；第三个要填稳健的，稳稳当当正常能走的；第五个要填一个保底的，一定能去的；第二个，可以填冒险的，也可以填稳健的；第四个可以填稳健的或者保底的。这样分类后，可以最大限度地规避平行志愿带来的风险。如果填报比较成功，第二个或第三个就应该被录取了。

所谓冒险的，是指它的最低的省排名跟考生报名省排名差不多。

所谓稳健的，指的是近两年的录取情况，给它计算一个平均的省排名，跟排名相差不多。

所谓保底的，它的最高的省排名，跟所在省的省排名差不多。

★本一线以下的考生怎么报考更有把握？

报招生人数多的院校更有把握。比如咱们河北省内的几所高校，招生的人数都比较多，会最大限度地被录取。另外，越接近一本线的，可以尝试填报省外的心仪高校。

★怎么根据省排名报考？

第一个例子。王晓萱，2015年衡中495班学生，高考分数670，被对外经济贸易大学信息管理与信息系统专业录取。该大学的录取分数线是669分，王同学刚好比分数线高出一分。

王晓萱省排名是1064，当时她特别想去对外经济贸易大学。我结合对外经济贸易大学近三年录取的省排名的分布，感觉这三年她都能考上，只是好的专业没有把握，当时就建议她报了第一志愿，冲一下，然后就成功了。她被第一个志愿报的是金融学，第二个志愿报的是会计学，前两个分数都比较高，她录取的是第三个专业——信息管理与信息系统，这个专业也不错。

高校内不同的专业之间也会有一个排序，她没有去成第一、第二专业，因为对外经济贸易大学、中央财经大学金融专业都是录取分值最高的专业。

建议：参考省排名之后，如果特别想去哪个院校，就可以在第一志愿填报，这样更省事、更直接。省排名比较靠前的考生，尽可能第一志愿填报准确一些。

第二个例子，也是被 A 志愿成功录取，再次验证了省排名的重要性。

孙烨飞，2015 年衡中 536 班学生，高考分数 622 分，被中央民族大学社会学专业录取，在大学发展得良好。当时中央民族大学大学录取的分数是 620 分，孙同学刚好比分数线高出 2 分，也是被 A 志愿录取。他也属于冒险冲一冲，事实证明是成功的一冲。

当然冲一冲也不是随便冲的，也要根据省排名来确定。当时为什么有把握填报中央民族大学，实际上还是根据他的省排名，然后结合近三年的数据，显示都是沾边的，才确定下来。这个数据，也就是我数据库里录取的省排名最高的那个，跟他现在的省排名是沾边的，这样就是可以冲一冲的。

比如说，你想上中央民族大学，我数据库就有前几年所有读中央民族大学的学生成绩的情况，多少分，录取的哪个学校、哪个专业，省排名是多少。它有一个分布，一个最高的省排名，一个最低的省排名，那么他现在的省排，在这些往年的录取的学生当中的一个位置是不是都在这三年的范围内，如果都在，那么今年也差不多，就可以冲一冲。

衡中之外的其他考生，我没有建立相应的数据库，河北省内同学可以根据《河北省普通高校招生志愿填报攻略》来确定。这本书内有省排名，就是攻略这本书的最左边的一列，书中显示为“位次”，它指的是录取的最靠后的那个省排名。这本书中还有一列，显示为“线上分”。报考最好是根据省排名来确定，因为线上分也是根据省排名来确定的。

问题二：学校优先还是专业优先

★优先选择院校还是优先选择专业？

如果没有长远的目标，大部分同学是优先选择专业的。如果你看到以后、看得比较长远，你要考研、考博，就要优先选择院校。

1. 一句话就能说明问题，“本科看学校，研究生看专业，博士生看导师”。

2. 本科生首先要选择学校，如果在校内很优秀，可以选择转专业。

3. 有机会的话，在高校可以选修另外一个自己喜欢的专业。很多优秀的清华大学、北京大学毕业的学生，至少是两个专业的毕业生。

4. 将来考研的时候转换专业。有一些优秀学生，在读本科、读研究生、读博士的时候专业是不一样的，这样发展会比较全面。

★如何选择适合自己的专业？

1. 感兴趣的专业，就是适合自己的专业。

2. 感兴趣的专业，将来也容易干出成绩。

3. 感兴趣的专业，将来工作起来也不觉得累。

重点提醒

问题一：关于复读

★哪些考生适合复读？

1. 平时总成绩不错，高考没考好。

2. 单科成绩没考好，可能跟平时成绩差 20 分以上。

3. 自己觉得或者老师认为原来没有好好学习的同学。

4. 原来的学校一般，可以到一所学习氛围紧张的学校当中去，这样可以充分挖掘潜力。

5. 今年录取的专业不太理想，或者今年录取的学校不太理想。

6. 自己愿意再拼搏一年的同学。

问题二：关于政策调整

★本二、本三合并，对考生有哪些影响？

1. 合并后，本二录取的分数线，会下调到原来本三的分数线。原来惯用的一系列分析数据会很难再用来作为参考依据。

2. 很多院校掺杂在一起，数量很多，他们分布在不同的城市，各所院校的特点也不太好区分。名称相似，公办、民办不一样，这些都需要学生、家长提前了解清楚。

3. 原来本二、本三是一个不同的群体，他们之间区别很大。合并之后，每个人都可以报原来的本二，会造成报志愿扎堆儿，有些院校又会没人填报，会形成两极分化。

问题三：关于录取率

★怎样提高投档录取率？

5个平行志愿之间的档次一定要拉开，保底的建议一定填得低一些。

★填报志愿要不要选择“服从”？

有两位考生，报考同一所高校，甲同学考了600分，填报的是A志愿的专业1；乙同学考了601分，填报的是A志愿的专业2或专业5。假如考600分的考生甲同学被录取了，考601分的乙同学有没有被退档或者调剂的可能？非常有可能。很可能600分填报的A志愿专业1已经报满了，601分的考生尽管分数够了也去不了。还有一种情况，有的学校有可能第一志愿和第二志愿是有分差的，如果说，你不报第一志愿的话，第二志愿就加2分，这样601分数还不够。

第一志愿非常重要，而且一定要选择“服从”。分数相同的情况下，还会比较单科的成绩。比如说都是600分，有5个人填报，但是院校只招收3个人，那就要比较某一科目的分数。